• Guias Ágora •

Os Guias Ágora são livros dirigidos ao
público em geral,
sobre temas atuais, que envolvem
problemas emocionais e psicológicos.
Cada um deles foi escrito por
um especialista no assunto,
em estilo claro e direto,
com o objetivo de oferecer conselhos e
orientação às pessoas que
enfrentam problemas específicos,
e também a seus familiares.

Os Guias descrevem as características gerais
do distúrbio, os sintomas, e,
por meio de exemplos de casos,
oferecem sugestões práticas que ajudam
o leitor a lidar com suas dificuldades
e a procurar ajuda profissional adequada.

Dados Internacionais de Catalogação na Publicação (CIP)
(Câmara Brasileira do Livro, SP, Brasil)

Gonsalves, Paulo Eiró
  Maus hábitos alimentares : esclarecendo suas dúvidas / Paulo Eiró Gonsalves. — São Paulo : Ágora, 2001. — (Guias Ágora).

Bibliografia
ISBN 85-7183-793-7

1. Alimentos 2. Alimentos – Biotecnologia 3. Hábitos alimentares 4. Nutrição 5. Saúde – Aspectos nutricionais I. Título. II. Série.

01-0775   CDD-613.2

Índice para catálogo sistemático:

1. Hábitos alimentares : Promoção da saúde   613.2

Compre em lugar de fotocopiar.
Cada real que você dá por um livro recompensa seus autores
e os convida a produzir mais sobre o tema;
incentiva seus editores a encomendar, traduzir e publicar
outras obras sobre o assunto;
e paga aos livreiros por estocar e levar até você livros
para a sua informação e o seu entretenimento.
Cada real que você dá pela fotocópia não autorizada de um livro
financia o crime
e ajuda a matar a produção intelectual de seu país.

Maus Hábitos Alimentares

Esclarecendo suas dúvidas

Paulo Eiró Gonsalves

ÁGORA

MAUS HÁBITOS ALIMENTARES
Copyright © 2001 by Paulo Eiró Gonsalves

Capa:
  Ilustração: Luciano Pessoa
  Finalização: Neide Siqueira

Editoração e fotolitos:
JOIN Bureau de Editoração

Proibida a reprodução total ou parcial
deste livro, por qualquer meio e sistema,
sem o prévio consentimento da Editora.

Nota da Editora:
As informações contidas nos Guias Ágora
não têm a intenção de substituir
a orientação profissional qualificada.
  As pessoas afetadas pelos problemas
aqui tratados devem procurar médicos,
psiquiatras ou psicólogos especializados.

Impresso na Book RJ Gráfica e Editora

Todos os direitos reservados pela
  Editora Ágora Ltda.

  Rua Itapicuru, 613 – cj. 72
  05006-000 – São Paulo, SP
  Telefone: (11) 3872-3322   Fax: (11) 3872-7476
  http://www.editoraagora.com.br
  e-mail: editora@editoraagora.com.br

SUMÁRIO

Introdução	7
Açúcar	9
Aditivos alimentares	13
Agrotóxicos	17
Água mineral	23
Alimentos crus *versus* alimentos cozidos	25
Alimentos tóxicos	27
Alimentos vivos *versus* alimentos industrializados	31
Alimentos que podem influir sobre o leite materno	39
Alimentos que podem causar problemas digestivos	41
Alimentos impróprios para quem sofre de gota ou de artrite	45
Alimentos que podem provocar bócio (papo)	47
Alimentos que podem produzir cálculos renais e da vesícula biliar	49
Amendoim e outros grãos: aflatoxinas e câncer	51
Aspartame	53
Carne	55

6 *Maus hábitos alimentares*

Congelados   61

Espinafre e plantas contendo nitratos   65

Farinhas brancas *versus* farinhas integrais
   (alimentos refinados *versus* alimentos integrais)   67

Fenilcetonúria – fenilalanina   73

Frango   75

Glúten   77

Gorduras   79

Leite e derivados   85

Mandioca   89

Margarina   91

Mel   93

Ovo   95

Peixes e frutos do mar   97

Produtos que predispõem à excitabilidade e à insônia . . .   101

Sal   103

Questões polêmicas   105

Bibliografia   115

INTRODUÇÃO

Há inúmeras publicações sobre alimentos, desde maravilhosos livros de culinária, com receitas das mais variadas, até os manuais destinados a dietas de todos os tipos. Eles têm em comum a apresentação de refeições atraentes e convidativas.

Este livro caminha um pouco no sentido inverso. Vamos mostrar aqui uma série de alimentos dos quais é melhor manter distância. Ou, pelo menos, que devemos utilizar conscientemente, por opção, sabendo dos problemas que podem acarretar.

Alguns desses alimentos "vilões" fazem parte do hábito nutricional de milhares de pessoas e nem todas serão afetadas. Ou não se darão conta dos seus efeitos nocivos, às vezes bastante sutis.

Por outro lado, as abordagens naturalistas, vegetarianas, macrobióticas e similares evitam a maioria dos "maus" alimentos. Às vezes com sabedoria, às vezes com radicalismo.

Diz o sábio ditado: nem tanto ao mar, nem tanto à terra.

Este livro traz informações que resultam de pesquisas e observações ao longo de quase cinqüenta anos de prática como médico e estudioso de nutrição.

O leitor poderá inicialmente se sentir incomodado com a quantidade das restrições apontadas. Porém, é preciso que se diga: no mundo moderno, é muito difícil eliminar todos os fatores de risco de nossa dieta e fazer escolhas

8   *Maus hábitos alimentares*

sempre cem por cento corretas e saudáveis. Mas pode-se usar o bom senso e eliminar uma coisa aqui, substituir outra lá; diminuir o consumo disso, aumentar daquilo, sem afetar o prazer de comer bem, alimentos saborosos e que satisfaçam todos os nossos sentidos.

Também não podemos perder de perspectiva que o modo como nos alimentamos é bastante revelador de nosso estado emocional. A auto-estima e o estar de bem com a vida em geral se refletem em bons hábitos pessoais.

Portanto, insistir em uma alimentação totalmente incorreta pode significar mais do que apenas um estilo de vida.

Pense nisso: você abasteceria o seu carro em um posto de gasolina se houvesse suspeita de que ele adultera seus produtos?

E como você abastece o seu corpo?

AÇÚCAR

O uso de açúcar de cana é conhecido desde a Antiguidade mais remota (por volta de 8000 a.C.), tendo se originado na Índia. Naquela época, o alimento era obtido pela simples evaporação do caldo de cana.

Os egípcios e árabes, responsáveis pela expansão do açúcar no mundo, foram também os primeiros a submetê-lo a processo de refinação, na época feito por meio de cristalizações repetidas e com emprego de várias substâncias químicas.

Atualmente o açúcar refinado é produzido a partir da garapa, mediante processos de purificação, cristalização e refinação. O produto final, o açúcar branco, é um pó contendo cerca de 99% de sacarose.

Do ponto de vista técnico, o resultado é amplamente satisfatório, uma vez que no açúcar refinado não são detectados enxofre, cal, ácido fosfórico ou qualquer outra substância empregada nas diversas fases de sua produção. Trata-se, portanto, de produto quimicamente puro, sem nenhum tóxico, mas também sem nenhuma vitamina, mineral ou qualquer outro nutriente.

Tal produto é perfeitamente dispensável ao organismo. Prova é que na Antiguidade os hunos, vikings, indígenas e muitos outros povos dotados de grande energia e vida totalmente ativa não o conheciam, dele não faziam uso e nem por isso deixavam de ter vitalidade suficiente para suas numerosas atividades físicas.

10   *Maus hábitos alimentares*

Autores como Vetorazzi e Mac Donald, em seu livro *Sacarose — Aspectos nutricionais e de segurança no uso de açúcar*, afirmam que "não existe firme evidência de que o açúcar interfira na biodisponibilidade de vitaminas, minerais ou traços de nutrientes, como também não há evidência científica que comprove a noção de que desequilíbrios alimentares sejam provocados preferencialmente por um aumento de seu consumo". Numerosos outros autores, entretanto, sustentam que o açúcar, para ser metabolizado no organismo, exige em seu ciclo metabólico a presença de várias substâncias, como vitamina B1, cálcio e magnésio. Como o açúcar refinado não contém senão açúcar, o organismo, durante sua metabolização, "rouba" de si próprio aquelas substâncias, motivo pelo qual consideram o açúcar branco "um ladrão" de vitaminas e minerais do organismo.

Quando ingerimos alimentos naturais doces, contendo naturalmente açúcar, este já vem acompanhado das substâncias necessárias à sua metabolização, não havendo necessidade de seqüestrá-las do organismo.

Por ser produto morto, totalmente desvitalizado, o açúcar refinado diminui a imunidade orgânica, tornando seus consumidores menos resistentes e mais suscetíveis a várias infecções: rinites, faringites, otites, amidalites, sinusites, cistites, vulvovaginites etc.

A ingestão excessiva de açúcar desempenha papel importante no aumento do número de casos de diabetes: sendo rapidamente absorvido pelo organismo, eleva a taxa de glicose no sangue (hiperglicemia), o que faz com que o pâncreas aumente a produção de seu hormônio, a insulina. Tal fato, se repetido constantemente, poderá levar à exaustão do pâncreas, com a conseqüente instalação de diabetes.

De acordo com estudos recentes, a alimentação muito rica em açúcar pode aumentar o risco de formação de cálculos (pedras) nos rins, por provocar supersaturação de oxalato de cálcio na urina (Vetorazzi e Mac Donald, na publicação antes citada, contestam tal afirmação).

Sendo alimento fermentescível, a sacarose (açúcar da cana) freqüentemente produz gases e cólicas, principalmente em crianças e velhos.

Além disso, provoca a formação de cáries dentárias por duas razões: a) sendo fermentescível, o açúcar produz bactérias que irão agir nocivamente sobre os dentes; b) faz com que a saliva se torne hipertônica em relação ao cálcio, provocando migração do íon cálcio dos dentes para a saliva, tornando-os mais fracos e mais suscetíveis às cáries.

Se ingerido em quantidades superiores às metabolizadas para gerar energia, o açúcar será transformado em gordura, com o risco de produzir obesidade.

Apesar de todos os numerosos inconvenientes do uso do açúcar refinado, não devemos, entretanto, chegar a extremos de fanatismo, mesmo porque no dizer do nutrólogo Otto Buchinger, citado por Zur Limdem: "Quem consumir fartamente alimentos frescos (muitas frutas, legumes crus, saladas etc.), bastante pão integral e pouco açúcar refinado não terá razão para ser prejudicado por este".

AÇÚCAR MASCAVO

Apresenta menos sacarose que o produto refinado (cerca de 94%) e, ao contrário do açúcar branco, o mascavo contém minerais.

O principal inconveniente do açúcar mascavo é o de conter mais impurezas (sulfito de cal, hidrossulfito de sódio, ácido fosfórico, carbonato de sódio etc.) que qualquer outro tipo de açúcar. Essas impurezas são produtos empregados na purificação apenas parcial do açúcar mascavo, persistindo ainda no produto final.

Às vezes o açúcar apresentado no comércio como mascavo não passa de açúcar branco recolorido.

AÇÚCAR DEMERARA

É o açúcar mascavo cristalizado.

AÇÚCAR CRISTAL

É um açúcar não refinado, cujo processo de produção termina na fase de cristalização.

O açúcar cristal retém sais de cal, ácidos orgânicos e outras substâncias acumuladas nos processos de purificação e cristalização e que, ao contrário do que ocorre com o açúcar branco, refinado, ainda encontram-se presentes no produto final.

Conclusão: *Por ser produto que expolia o organismo, retirando-lhe cálcio e vitaminas, o açúcar refinado deve ser consumido em quantidades mínimas.*

Os açúcares não totalmente refinados (mascavo, demerara, cristal), apesar de conter minerais, também devem ser consumidos com muita parcimônia, uma vez que conservam produtos tóxicos utilizados nos processos de purificação, cristalização e refinação.

Sempre que for necessário o uso de adoçantes, preferir mel ou melado.

ADITIVOS ALIMENTARES

De acordo com o artigo 2º do decreto nº 55.871 de 26/3/1965, "considera-se aditivo para alimento a substância intencionalmente adicionada ao mesmo com a finalidade de conservar, intensificar ou modificar suas propriedades, desde que não prejudique seu valor nutritivo".

O mesmo decreto acrescenta, em parágrafo posterior, que "excluem-se do disposto neste artigo os ingredientes normalmente exigidos para o preparo do alimento".

A definição de aditivo exclui expressamente os aditivos "incidentais" ou "acidentais", que consistem, conforme o artigo 3º do mesmo decreto, nas "substâncias residuais ou migradas, presentes no alimento, como decorrência das fases de produção, beneficiamento, acondicionamento, estocagem e transporte do alimento ou das matérias-primas nele empregadas".

Como exemplos de aditivos incidentais podem-se citar resíduos de inseticidas, restos de medicamentos, substâncias migradas de embalagens etc., que às vezes são encontradas nos alimentos, mas não foram aí colocadas intencionalmente.

Embora o termo aditivo alimentar tenha adquirido conotação pejorativa, conferindo a todos os aditivos apenas características de desvantagens e de toxicidade, isto não é verdade. Alguns aditivos são substâncias completamente naturais e inofensivas à saúde.

14   *Maus hábitos alimentares*

Por vezes os alimentos com aditivos são até mais saudáveis do que aqueles que não os contêm. É o caso, por exemplo, dos defumados: sabe-se que a defumação acarreta graves prejuízos à saúde, pois os alimentos submetidos a esse processo tornam-se reconhecidamente cancerígenos. Já o sabor artificial "defumado" não apresenta tal desvantagem.

Os aditivos, considerados globalmente, permitem maior produção de alimentos (o que reduz o custo dos mesmos), aumentam seu período de conservação (com conseqüente diminuição de perdas) e facilitam o processamento tecnológico, que muitas vezes seria impossível sem o seu emprego.

Entretanto, muitos aditivos alimentares são constituídos por substâncias cujos efeitos no organismo não são bem conhecidos. Vários deles, usados liberalmente até há pouco tempo, hoje passaram a ser proibidos ou têm seu uso submetido a severo controle, por terem demonstrado acentuada toxicidade. Quantos outros não serão nocivos à saúde e, futuramente, passarão a ser proibidos?

No contexto atual, podemos dizer que os aditivos são aceitos até provarem que são tóxicos. A realidade deveria ser exatamente oposta: deveriam ser proibidos até a demonstração exaustiva de sua inocuidade.

Ao lado de aditivos comprovadamente inócuos, outros têm se mostrado francamente tóxicos e, no entanto, continuam a ser utilizados.

Os piores aditivos são os corantes: além de não acrescentar nenhuma vantagem real, são freqüentemente tóxicos e servem apenas para manter uma fraude oficial: iludir o consumidor, em geral crianças.

Alguns exemplos de aditivos tóxicos:

1) Acidulantes — Ácido acético: causa descalcificação de dentes e ossos.

Aditivos alimentares 15

2) Antioxidantes — Ácido fosfórico: possibilidade de formação de cálculos renais.
Fosfolipídios: aumento do teor de colesterol.

3) Aromatizantes: produção de alergia, retardo no crescimento e distúrbios de comportamento, principalmente hiperatividade.

4) Antiumectantes — Ferrocianetos de sódio ou de potássio: possibilidade de lesões renais.

5) Conservantes — Antibióticos: desenvolvimento de cepas bacterianas resistentes. Reações de hipersensibilidade.
Sulfito de sódio: pode provocar câncer e mutações genéticas em animais de laboratório.
Nitratos e nitritos: produtores de nitrosaminas, agentes reconhecidamente cancerígenos, mesmo em doses pequenas.

6) Corantes: determinam, com freqüência, reações alérgicas, distúrbios de comportamento — principalmente hiperatividade —, anemia hemolítica. Alguns são teratogênicos.

7) Adoçantes ou edulcorantes: a sacarina causa câncer de bexiga em animais de laboratório.

8) Estabilizantes — Polifosfatos: elevação da ocorrência de cálculos renais, bem como distúrbios gastrointestinais.

9) Espessantes: freqüentemente produzem irritação da mucosa intestinal.

Conclusão: *Embora existam aditivos alimentares naturais e inócuos, muitos outros são de toxicidade ignorada e outros ainda são reconhecidamente tóxicos, embora continuem a ser empregados livremente. Ao lado de aditivos essenciais empregados atualmente, como os conservantes, outros não têm outro objetivo senão o de iludir os consumidores, quase sempre as crianças. É o caso dos corantes.*

AGROTÓXICOS

Os agrotóxicos usados inadequadamente, em excesso ou muito próximo da época da colheita, podem trazer, tanto aos aplicadores quanto aos consumidores, graves riscos como: intoxicações, câncer, mutações genéticas e morte. Além de empregados durante a produção dos alimentos, os pesticidas químicos freqüentemente são utilizados também por ocasião do transporte e do armazenamento, aumentando a possibilidade dos danos à saúde.

Numerosos agrotóxicos altamente nocivos, proibidos em diversos países, são registrados e autorizados no Brasil, vendidos livremente para qualquer finalidade. Entre eles podemos citar: Aldicarb, Aldrin, Benomyl, Captafol, Captan, Dimetoato, Dodecacloro, Endossulfan, Folpet, Moncozeb, Maneb, Zineb, Metiran, Paraquat, Paraton etílico, Paraton metílico etc.

José A. Lutzenberger, no prefácio à edição brasileira de *O futuro roubado* (editora L&PM), informa que excelentes leis estaduais relativas ao uso de agrotóxicos foram derrubadas por ação do *lobby* da agroquímica.

Em 1987 a Academia Nacional de Ciências (NAS) dos Estados Unidos identificou 23 pesticidas considerados responsáveis pelo risco carcinogênico nos alimentos.

Muitos produtos brasileiros, como mamões, melões, carne, óleo de cozinha etc., são rejeitados em outros países devido à sua elevada concentração de agrotóxicos.

18   *Maus hábitos alimentares*

As marcas de leite e queijo mais vendidas em São Paulo, analisadas pelo prestigioso Instituto Adolfo Lutz, demonstraram todas teores de inseticidas muito superiores à tolerância máxima permitida pelo Codex, sendo as crianças (em particular os recém-nascidos) particularmente mais suscetíveis aos danos por eles causados.

Resultados idênticos foram obtidos pela análise da carne bovina.

Inseticidas e outros agrotóxicos estão presentes em mais de 90% das amostras das marcas mais conhecidas e utilizadas de óleos de cozinha, salsichas, lingüiças e manteigas.

Também podem ocorrer contaminações por ingestão de alimentos obtidos em ambientes com altas concentrações de substâncias tóxicas, como é o caso de peixes pescados em águas com alto teor de mercúrio e de ostras, nas quais podem se acumular inseticidas em quantidades até 10 mil vezes superior à concentração do produto aplicado.

Para a SUREHMA (Superintendência dos Recursos Hídricos e Meio Ambiente) do Paraná os rios desse estado estão sendo sucateados com grande risco para as populações urbanas, que vão consumindo doses pequenas porém cumulativas de tóxicos, não só nos alimentos como também na água que bebem.

Os agrotóxicos produzem ainda contaminação do solo, destruindo animais necessários ao desenvolvimento das plantas: minhocas, colêmbolos, protozoários, insetos minúsculos, determinadas bactérias e fungos. Com isso ficam destruídos o equilíbrio entre os diferentes organismos e a formação de cadeias alimentares.

O uso indiscriminado de pesticidas também faz com que os insetos transmissores de doenças fiquem cada vez mais resistentes aos inseticidas utilizados.

Com os solos tornados estéreis na medida em que são destruídos os microorganismos imprescindíveis à manutenção de sua fertilidade e com o desequilíbrio biológico

Agrotóxicos **19**

resultante, os insetos transmissores de doenças são afugentados para dentro das habitações humanas, o que vem provocando o reaparecimento de doenças infecciosas até então controladas, como, por exemplo, esquistossomose, leishmaniose visceral, febres hemorrágicas, dengue, febre amarela, numerosas viroses etc.

Al Gore, vice-presidente dos Estados Unidos, no prefácio do já citado livro *O futuro roubado*, chama a atenção para o fato de que "as mães estão transmitindo este legado químico para a geração seguinte por meio do útero e do leite materno". Enfatiza também o "conjunto enorme e crescente de evidências científicas que demonstram a relação entre os agentes químicos sintéticos e o desenvolvimento sexual aberrante, problemas comportamentais e dificuldades reprodutivas". Diz ainda:

> "*O futuro roubado* é um livro de importância crítica, que nos força a fazer novas perguntas sobre os agentes químicos sintéticos que espalhamos pela Terra. Por nossos filhos e netos, precisamos urgentemente encontrar respostas. Cada um de nós tem o direito de saber e o dever de aprender."

Palavras de Rachel Carson, autora da obra clássica *Primavera silenciosa:*

> "Estamos expondo populações inteiras a agentes químicos extremamente venenosos. Agentes químicos que, em muitos casos, têm efeito cumulativos. Atualmente, este tipo de exposição começa a acontecer tanto antes quanto durante o nascimento. Ninguém sabe ainda quais serão os resultados deste experimento, já que não há nenhum paralelo anterior que possa nos guiar."

Mais uma vez Al Gore:

"Estudos com animais e seres humanos relacionam os agentes químicos a inúmeros problemas, como infertilidade e deformações genitais; cânceres desencadeados por hormônios, como o câncer de mama e de próstata; desordens neurológicas em crianças, como hiperatividade e déficit de atenção; e problemas de desenvolvimento e reprodução em animais silvestres."

* * *

Anne Witte Garland, em seu livro *For our kids*, publicado pelo Natural Resources Concil de Nova York, nos fornece sete maneiras de proteger nossas famílias de agrotóxicos nos alimentos:

1. Lave bem os alimentos

Lavar frutas e hortaliças com água tira parte dos resíduos da superfície. Usando uma pequena quantidade de sabão na água, conseguimos remover um pouco mais. É preciso enxaguar bem. Podemos eliminar os resíduos dos agrotóxicos que estão depositados nos alimentos colocando as frutas ou verduras durante uma hora em água com pedaços de carvão vegetal. Infelizmente, mesmo lavando com cuidado, não podemos tirar todos os resíduos superficiais nem aqueles que estão dentro do alimento.

2. Descasque os alimentos

Ao descascar frutas e hortaliças, tiramos todos os resíduos dos agrotóxicos da superfície. Porém é preciso lembrar que, ao descascar, não removemos os agrotóxicos contidos dentro da hortaliça e, em certos casos, estamos eliminando nutrientes valiosos.

3. Compre alimentos de plantio orgânico

Você vai atingir dois objetivos: sua família ingerirá alimentos sem agrotóxicos e os agricultores e distribuidores perceberão que alimentos cheios de agrotóxicos não são bem- aceitos.

4. Compre alimentos nacionais da estação

Produtos importados costumam conter muitos agrotóxicos, utilizados para permitir a conservação para exportação.

5. Desconfie de alimentos perfeitos

Alguns agrotóxicos são usados apenas para melhorar a aparência do produto; frutas e hortaliças perfeitas são sinal do emprego de agrotóxicos. Uma superfície brilhante pode ser sinal de que a fruta foi encerada: a cera pode conter agrotóxicos ou impedir a remoção dos resíduos deles na superfície.

6. Se possível, cultive suas frutas e hortaliças

Assim você evita agrotóxicos e usa apenas produtos que não são prejudiciais à saúde ou ao meio ambiente.

7. Dê apoio àqueles que combatem os agrotóxicos

A longo prazo, a melhor maneira de proteger sua família contra agrotóxicos são as reformas na legislação que regula o seu uso.

Conclusão: *Apesar de nos dias de hoje ser impossível alimentar-se apenas de produtos cultivados organicamente, podemos diminuir a quantidade de agrotóxicos em nossa alimentação seguindo as recomendações constantes no final deste capítulo.*

ÁGUA MINERAL

É uma água com características físicas e químicas diferentes da água comum. Podem ser alcalinas, arsenicais, cálcicas e magnesianas, cloretadas sódicas, ferruginosas, sulfurosas, indeterminadas.

Devido justamente à riqueza em minerais, essas águas não devem ser ingeridas em quantidade por pessoas que tenham deficiência em eliminar o excesso desses minerais, podendo os mesmos acumular-se no organismo. É o caso de cardíacos e renais descompensados, hipertensos graves, crianças com menos de dois meses de idade e prematuros (devido à imaturidade renal).

Além disso, ao comprar água mineral deve-se estar atento ao lugar onde ela permanece exposta, o qual deve ser fresco, recusando-se os vasilhames próximos a locais aquecidos ou expostos ao sol, uma vez que o calor propicia o desenvolvimento de algas nas águas, que se tornam impróprias para o consumo. Em tais casos a água costuma adquirir coloração diferente, de amarela a verde.

Por essa razão deve-se evitar a compra do produto de ambulantes em estradas, cruzamentos de ruas, calçadas, locais onde a água permanece muito exposta ao sol.

Deve-se recusar também as águas armazenadas próximas a produtos que exalem cheiro forte, como materiais de limpeza ou outros, uma vez que o plástico das embalagens absorvem odores que podem contaminá-las.

Verificar também na embalagem a inviolabilidade do lacre, dados do distribuidor (nome, endereço, CGC), identificação da fonte, datas do engarrafamento e validade do produto.

Conclusão: *Ao adquirir água mineral, devemos, por ocasião da compra, tomar os cuidados acima relacionados, bem como evitar oferecer o produto a crianças de muito pouca idade, prematuros e cardíacos ou renais descompensados.*

ALIMENTOS CRUS *versus* ALIMENTOS COZIDOS

A alimentação com produtos crus, isto é, o crudivurismo, consiste no emprego exclusivo de produtos biológicos vegetais — frutas, legumes, verduras, hortaliças, grãos, sementes — em sua forma natural, ou seja, crus.

Com isto evita-se a destruição ou degradação de vitaminas e demais nutrientes que ocorre durante o cozimento, o qual também os desnatura.

O médico suíço Bircher-Benner (1891-1939) foi um dos pioneiros do crudivurismo. Segundo ele, o regime cru a 50% é suficiente no dia-a-dia. Em casos de desintoxicações ou de curas, torna-se necessário a 100%.

Após a Segunda Guerra Mundial, a imprensa noticiou que os prisioneiros dos campos de concentração, acometidos de gravíssimas deficiências nutritivas, muitas vezes com evolução fatal, poderiam ter sido salvos se alimentados com carne. O doutor M. V. Roques, de Berlim, escreveu: "Um ponto agora está claro: sem proteína o homem não consegue viver".

Um médico japonês, o doutor Masanore Kuratsune, entretanto, não compartilhava de tal opinião. Como não julgasse correto submeter pessoas estranhas a experiências, efetuou-as em si mesmo e em sua esposa: a experimentação constou em submeter o casal a uma "dieta de fome", típica dos campos de concentração, na qual toda proteína animal foi excluída e a quantidade dos alimentos era idêntica à fornecida aos prisioneiros dos campos.

26 *Maus hábitos alimentares*

Tal experiência foi realizada em 1951, sob a supervisão e o controle do professor M. Mizushima, da Universidade de Kyushu, Japão. Durante todo o tempo o doutor Kuratsune continuou a exercer normalmente seu trabalho profissional, sem repousar, bem como sua esposa, que cuidava da casa além de amamentar seu bebê. Durante todo o rigoroso inverno japonês e em face de uma epidemia de gripe, as duas "cobaias" demonstraram sinais da maior resistência orgânica, mantendo excelente saúde. Proteinemias e hemogramas repetidos muitas vezes foram normais, tendo havido até mesmo aumento nas taxas.

Como explicar tal fato? Simplesmente porque o doutor Kuratsune e a esposa consumiram *alimentos vegetais frescos e crus.*

Após isto foi feita a contraprova: a mesma alimentação foi dada ao casal após ter sido aquecida a 100 ºC por curto período. Quase instantaneamente ocorreu a síndrome de fome, com todo seu cortejo sintomático, sendo que os sintomas cessaram com a volta à alimentação crua.

Entretanto, devido ao consumo de grande quantidade de celulose, que pode irritar a mucosa digestiva de determinados indivíduos sensíveis, o crudivurismo é desaconselhado a algumas pessoas, particularmente bebês e velhos, que só podem consumir alimentos crus em pequena quantidade, inclusive também pela dificuldade ou impossibilidade de mastigação.

Conclusão: *Embora desaconselhada para algumas pessoas, particularmente bebês e velhos, a ingestão de alimentos crus demonstrou apresentar grandes vantagens, sendo recomendada no dia-a-dia em proporção de 50% e, em casos de desintoxicação ou de curas, de 100%.*

ALIMENTOS TÓXICOS

AÇAFRÃO: Tóxico, este alimento deve ser usado em quantidades diminutas. Em grandes quantidades pode produzir intoxicação caracterizada por sintomas mentais (que simulam a embriaguez), podendo evoluir até a morte.

ALFACE: Esta verdura contém alguma quantidade de nitratos (sobre o assunto ver o capítulo "Espinafre e plantas contendo nitratos", à página 65).

AMÊNDOA: As amêndoas amargas contêm um glicosídeo tóxico, a amigdalina, que libera ácido cianídrico. Sua ingestão pode produzir grave intoxicação e até mesmo levar à morte.

AZEDINHA: A ingestão constante de grande quantidade de qualquer espécie de azedinhas (trevo-azedo, trevo-d'água, azedinha-tuberosa) pode determinar intoxicação caracterizada por náuseas, vômitos, cólicas abdominais, lesões hepáticas e renais.

AZEITONA: As azeitonas em conserva (em vidros ou latas) são submetidas a tratamento por lixívia alcalina. Apesar de serem lavadas após esse processo (geralmente durante cerca de trinta horas), costumam reter ainda alguma quantidade dessa lixívia, que é tóxica.

28 *Maus hábitos alimentares*

BATATA: Este tubérculo contém vários alcalóides tóxicos — em particular a solanina — que se acumulam sob a casca e são encontrados principalmente nas batatas esverdeadas, amassadas e com brotos.

Quando a batata é cozida com casca, tais tóxicos transferem-se para as porções centrais, razão pela qual deve-se cozinhá-la sempre descascada.

A intoxicação por esses alcalóides pode produzir quadros caracterizados por náuseas, vômitos, diarréia, febre, dor de cabeça e dor nos membros. Há referências a casos fatais.

CARNE: Além de grande quantidade de toxinas (adrenalina, adrenocromo) liberadas no momento do abate, a carne do gado criado é contaminada ainda por pesticidas (usados em forragens ou em remédios contra carrapatos), pela presença de produtos químicos empregados na alimentação dos animais, por conservantes químicos diversos (salitre, formol, nitritos) e pela presença de chumbo (devido à proximidade dos pastos com estradas de rodagem).

Constituem ainda fator de contaminação as toxinas liberadas no intestino dos animais e absorvidas pela circulação (putrescina, cadaverina, indol, escatol etc.).

As carnes, particularmente as processadas (salsichas, lingüiças, salames, mortadelas etc.), contêm grande quantidade do cancerígeno nitrito, bem como de outros produtos químicos nocivos à saúde.

ESPINAFRE: Ver este verbete à página 65.

FIGO: Esta fruta é habitualmente vendida polvilhada com sulfatos, para conservação. Por este motivo, devem ser comidos descascados, uma vez que os sulfatos são tóxicos.

Alimentos tóxicos 29

FRUTAS SECAS: Durante o processo de secagem, as frutas tornam-se escuras devido à oxidação de pigmentos e à ação do tanino.

Para evitar esse escurecimento, a indústria costuma fazer uso do anidrido sulfuroso (fumo de enxofre), que tem as vantagens adicionais de conservar as frutas durante muito tempo e manter seu brilho característico. Tal substância, entretanto, pode produzir reações adversas ao organismo, como náuseas, queimação, azia, diarréia, dor de cabeça, prostação e anemia.

Além disso, para facilitar a secagem, a fruta deve estar descascada ou pelo menos com as cascas fendidas. Com esta finalidade, a indústria costuma utilizar a potassa cáustica ou lixívia de soda, substância tóxica e corrosiva. Outro inconveniente: para evitar que sejam atacadas por fungos, bactérias e outros parasitas, as frutas secas, antes de serem acondicionadas, são fumigadas com gases venenosos, como o tetracloreto de carbono (cancerígeno), ácido cianídrico, anidrido sulfuroso e outros tóxicos.

PEIXES E FRUTOS DO MAR: ver este verbete à página 97.

MANDIOCA: ver este verbete à página 89.

RUIBARBO: A ingestão freqüente de grandes quantidades desse alimento pode produzir intoxicação por ácido oxálico, caracterizada por náuseas, vômitos, cólicas abdominais, lesões hepáticas e renais.

SORGO: Este cereal, de uso muito restrito entre nós, contém um princípio tóxico — a durrina — que, em determinadas situações, pode liberar cianeto e produzir intoxicações por vezes muito graves, semelhantes às produzidas pela mandioca (ver este verbete à página 89).

UVA: As videiras são pulverizadas principalmente com sulfato de cobre, substância tóxica que adere às cascas das

30   *Maus hábitos alimentares*

frutas. Tal tóxico pode ser removido com água e vinagre, o qual, por também ser tóxico, deve ser retirado por meio de lavagens sucessivas.

O suco de uva existente no comércio costuma conter o sulfato de cobre pulverizado nas frutas, podendo produzir diarréia por vezes violenta. Além disto, pode vir acompanhado de outros tóxicos, como, por exemplo, o anidrido sulfuroso.

Conclusão: *Este capítulo mostra quais os principais alimentos capazes de produzir intoxicações e as maneiras de evitá-las.*

ALIMENTOS VIVOS *versus* ALIMENTOS INDUSTRIALIZADOS

Historicamente é bem conhecido o fato de numerosos povos nutridos com alimentos vivos gozarem de ótima saúde e atingirem idade bem avançada. Como exemplo, temos os essênios, que viveram na época de Cristo e se alimentavam principalmente de grãos germinados e alimentos crus; passaram para a história como possuidores de ótima saúde e acentuada longevidade.

Em épocas mais recentes são vários os relatos de grupos humanos vivendo distantes da civilização e alimentando-se apenas com produtos oferecidos pela natureza e em seu estado original, ou seja, não submetidos a processos de pasteurização, esterilização, congelamento, irradiação etc. Entre tais grupos podemos citar os do Afeganistão, Cáucaso, Bulgária, Paquistão, Turquia, Cachemira, Tibet, que caracterizam-se por apresentar saúde invejável e atingir a longevidade.

No início do século XX, o médico francês Paul Carton, baseando-se em Hipócrates, lançou as bases da medicina natural, mostrando a importância de exercícios físicos, respiração correta, ar puro, banhos de sol e de um regime alimentar baseado fundamentalmente na vitalidade dos produtos, afirmando não bastar ingerir substâncias ricas em nutrientes, mas também levar em consideração a quantidade e a toxicidade dos dejetos que produzem no organismo.

32 *Maus hábitos alimentares*

A falta de vitalidade dos alimentos químicos figura entre as principais causas dos distúrbios nutritivos que afligem a humanidade. A esterilização age do mesmo modo, destruindo a força vital dos alimentos. O vigor que os alimentos crus conferem provém muito mais de sua força vital que da quantidade de substâncias químicas que possuem.

A alimentação viva baseia-se na qualidade e não na quantidade de alimentos, sendo recomendada a utilização daqueles ricos em energia vital: grãos germinados, brotos, frutas e legumes crus, grãos integrais, frutas oleaginosas cruas.

M. Káren-Werner, em *L'Alimentation Vivante: Le Miracle de la Vie*, afirma: "Alimentos mortos simplesmente levam à morte, enquanto alimentos vivos recriam e consolidam a vida".

Apresentamos a seguir um esquema simplificado da tabela de Kollath, cientista alemão que dedicou sua vida a pesquisas sobre alimentação. A escola de alimentação viva não se preocupa com proteínas, carboidratos e calorias dos alimentos, classificando-os pelo seu valor biológico, pela sua vitalidade.

A tabela mostra como o valor biológico dos alimentos diminui, da coluna 1 para a coluna 6, pela manipulação e industrialização. As colunas foram divididas em alimentos do reino vegetal, do reino animal e bebidas.

Coluna 1

Contém alimentos naturais que conservam o seu valor total. As sementes constituem a maior concentração de alimentos vitais. Não colocamos carne nesta coluna porque não costuma ser consumida crua.

Alimentos vivos versus *alimentos industrializados*   33

Os alimentos que constam desta coluna podem ser extremamente prejudicados pelo uso de agrotóxicos na lavoura. Também são prejudicados ovos e leite pela criação de animais com ração química e hormônios.

Coluna 2

A alteração dos alimentos desta coluna é apenas mecânica: moer, comprimir, descascar, triturar, ralar, espremer, bater etc. Nenhuma parte permanece com o mesmo valor do alimento integral.

As sobras deste trabalho mecânico — por exemplo, bagaços — costumam ser desprezados e dados para os animais. Muitas vezes a parte desprezada tem mais valor do que o que é consumido pelo homem.

Coluna 3

Os alimentos desta coluna foram alterados pela fermentação natural, que leva à perda de algumas vitaminas. A fermentação pode produzir novos alimentos no reino vegetal e também a partir do leite. Porém os demais alimentos do reino animal apodrecem pela fermentação.

As colunas 1, 2 e 3 compreendem alimentos que — quando isentos de agrotóxicos e manipulados corretamente — podem ser considerados naturais. Eles contêm todos os elementos vitais, incluindo as essências aromáticas, as enzimas e aquelas vitaminas que, a partir desta coluna, são destruídas pelo calor.

Coluna 4

A partir desta coluna, os alimentos só têm valor parcial. Temos como exemplo o pão integral, que é prejudicado pelo calor. Entretanto, como a vitamina B1 só é destruída a 160 °C, o pão continua uma fonte importante para a alimentação sadia. Para compensar a perda de elementos vitais

34 *Maus hábitos alimentares*

pelo calor, precisamos comer também, diariamente, alimentos das três primeiras colunas.

Cozinhar produz as seguintes alterações nos alimentos:

- destrói todas as essências aromáticas e as enzimas;
- destrói uma série de vitaminas (por exemplo: ácido fólico, vitamina C);
- altera as proteínas;
- altera as células.

A carne de boi e de frango não são apenas prejudicadas pelo calor, mas também por hormônios e outros medicamentos fornecidos aos animais.

Coluna 5

Os alimentos desta coluna perderam ainda mais do seu valor, devido aos processos usados para permitir a conservação. Os alimentos que foram refinados, pulverizados, condensados, tratados quimicamente ou por irradiação perderam tanto do seu valor biológico que podem ser considerados "mortos". Hoje existem muitos produtos embalados e em conserva que indevidamente são denominados "naturais".

Coluna 6

Os produtos desta coluna não têm nada a ver com o alimento original. Eles foram extraídos, isolados a partir de algum alimento ou formam substâncias totalmente artificiais. Incluem os aditivos químicos (conservantes, aromatizantes, corantes etc.), as vitaminas artificiais e as gorduras artificiais (quase todas as margarinas).

Todos esses produtos, além de não terem nenhum valor biológico para o nosso organismo, em muitos casos são altamente prejudiciais. Muitos corantes que a indústria uti-

Alimentos vivos versus *alimentos industrializados*   35

	1 Naturais e crus	2 Transformados mecanicamente	3 Fermentação natural	4 Aquecidos	5 Conservados	6 Industrializados
Reino Vegetal	Sementes: – castanhas – amêndoas – nozes – amendoim – girassol – gergelim grãos integrais grãos germinados	Óleos óleos extraídos a frio grãos moídos farinhas integrais quirera	levedo missô shoyu	Cereais integrais cozidos arroz integral pão integral macarrão integral farelo de arroz tostado farelo de trigo tostado	Cereais beneficiados arroz branco pão branco macarrão branco biscoitos salgadinhos	açúcar branco sal refinado margarina óleo de cozinha aditivos: – acidulantes – adoçantes – antioxidantes – antiumectantes – aromatizantes – conservantes – corantes – espessantes – estabilizantes
	Frutas mel Hortaliças inteiras brotos	salada de frutas sucos naturais hortaliças picadas em salada tabule	hortaliças fermentadas (ex. chucrute)	frutas cozidas hortaliças cozidas	frutas em lata e em conserva geléias hortaliças em lata e em conserva massa de tomate produtos para bebê	

1 Naturais e crus	2 Transformados mecanicamente	3 Fermentação natural	4 Aquecidos	5 Conservados	6 Industrializados
Reino Animal ovo cru leite cru	derivados do leite cru (ex. manteiga caseira)	coalhada	carne frango peixe ovos cozidos ovos fritos leite aquecido derivados do leite	carne em conserva peixe em conserva lingüiça, salame leite longa vida leite em pó leite condensado	extrato de carne cubos de caldo
Bebidas água pura água de coco	água encanada sem tratamento		chá sopa	sucos artificiais água tratada com cloro água tratada com flúor	cachaça uísque conhaque

Alimentos vivos versus *alimentos industrializados* 37

liza em quantidades controladas são usados à vontade por confeiteiros para enfeitar os bolos e doces. Entretanto, corantes são verdadeiros venenos quando consumidos em excesso.

Atenção: A pessoa que quer manter a saúde precisa se alimentar com um terço dos alimentos das colunas 1, 2 e 3 (cheios de vida) e pode incluir dois terços da coluna 4. Precisa, porém, evitar os alimentos das colunas 5 e 6.

Quem consome alimentos naturais e integrais não precisa se preocupar com calorias, gorduras, proteínas e carboidratos.

De acordo com Kollath, a pessoa que quer manter a saúde precisa se alimentar com um terço dos alimentos das colunas 1, 2 e 3 (cheios de vida), e pode incluir dois terços da coluna 4. Deve evitar os alimentos das colunas 5 e 6.

Os alimentos originais, não cozidos, não aquecidos a mais de 40 °C, não congelados, não irradiados, não pasteurizados, não esterilizados, não conservados quimicamente, mantêm toda sua força vital.

Seria possível, nos dias de hoje e na sociedade atual, alimentar-se com alimentos com tais características? A resposta, obviamente, é não. Graças à indústria e ao emprego de alguns dos métodos citados torna-se possível alimentar um sem-número de pessoas que, de outra maneira, numa sociedade como a nossa, simplesmente não teriam o que comer.

A indústria lança mão de diversos meios a fim de preservar os alimentos para que possam ser oferecidos à população, entre os quais o uso de conservantes, de fundamental importância, pois sem eles seria absolutamente impossível alimentar milhões e milhões de pessoas que não produzem os próprios alimentos.

Entretanto, os alimentos industrializados geralmente são submetidos a uma série de processos que lhes retiram a vitalidade. São, por conseguinte, alimentos mortos, desti-

38 *Maus hábitos alimentares*

tuídos de energia vital. Além disso, são preparados com produtos não integrais, não orgânicos, bem como recebem acréscimos de muitos aditivos (ver capítulo "Aditivos alimentares"), entre os quais açúcar branco e sal em excesso.

Muitos alimentos industrializados, como, por exemplo, biscoitos, bolachas, salgadinhos, batatas fritas, margarinas, bolos, massas, pães e numerosos outros são preparados com gorduras hidrogenadas, bastante nocivas ao organismo (ver capítulo "Gorduras" à página 79).

Pelo exposto conclui-se que os alimentos industrializados devem ser consumidos com moderação, dando-se preferência a frutas e vegetais frescos da estação, bem como a grãos de cereais integrais, leguminosas, ovos galados frescos, alimentos germinados, lacto-fermentados e sempre que possível preparados em casa.

Conclusão: *Embora atualmente não seja possível nos alimentarmos apenas com alimentos vivos, que conservam toda a força vital, devemos procurar ingeri-los sempre que houver possibilidade, procurando evitar a utilização de produtos industrializados, pois são destituídos de força vital, contêm excesso de aditivos, entre os quais açúcar branco e sal em demasia, além de serem freqüentemente preparados com gorduras hidrogenadas, nocivas à saúde.*

ALIMENTOS QUE PODEM INFLUIR SOBRE O LEITE MATERNO

Alguns alimentos podem reduzir a quantidade de leite nas mulheres que amamentam, como a salsa e o salsão. O ruibarbo, se ingerido pela mãe, pode produzir diarréia no bebê amamentado.

Certos alimentos, se ingeridos pela mãe no período de amamentação, podem provocar flatulência nos bebês. Alguns deles são: açúcar, hidratos de carbono em geral (doces, massas, pães, féculas, tubérculos), leguminosas em geral, particularmente feijão (também grão-de-bico, ervilha, lentilha), leite, repolho, brócolis e couve-flor.

Conclusão: *As mulheres que amamentam devem absterse de consumir os alimentos relacionados neste capítulo.*

ALIMENTOS QUE PODEM CAUSAR PROBLEMAS DIGESTIVOS

ALHO-PORÓ: Usado em excesso, esse alimento pode ter ação irritante sobre o aparelho digestivo.

AMÊNDOA: Por conter grande quantidade de gordura, esta fruta costuma não ser bem tolerada por doentes do fígado, da vesícula e por dispépticos.

AMENDOIM: Apresenta os mesmos inconvenientes que a amêndoa.

BATATA-DOCE: Sendo alimento com alto teor de amido, este tubérculo, durante a digestão, costuma produzir gases, com meteorismo e flatulência.

BETERRABA: As folhas deste alimento são prejudiciais aos doentes com úlcera do duodeno.

CASTANHA: Muito rica em amido, a castanha, conhecida também como castanha de natal ou castanha portuguesa, costuma produzir flatulência.

COUVE-FLOR: É alimento com ação flatulenta.

FAVA: É alimento de digestão difícil para grande número de pessoas.

FEIJÃO: Os hidratos de carbono desta leguminosa são constituídos por substâncias complexas, de difícil digestão, produzindo classicamente fermentação e flatulência.

42 *Maus hábitos alimentares*

FRUTAS SECAS: Para evitar seu escurecimento pelo processo de secagem, a indústria costuma utilizar o anidrido sulfuroso (fumo de enxofre), que pode produzir náuseas, queimação, azia e diarréia.

GRÃO-DE-BICO: Esta leguminosa, de difícil digestão, costuma produzir flatulência. Para atenuar este inconveniente aconselha-se deixar os grãos de molho durante 10 a 12 horas e cozinhá-los em fogo lento.

GERGELIM: A casca do gergelim marrom possui cristais de oxalato de cálcio. Ingeridos em excesso, podem produzir irritações gastrointestinais.

LENTILHA: É alimento de difícil digestão, contra-indicado a dispépticos.

MELANCIA: É indigesta, particularmente se ingerida às refeições, como sobremesa.

MELÃO: Apresenta os mesmos inconvenientes que a melancia.

NOZ: É fruta contra-indicada aos dispépticos e aos que sofrem de colite e do fígado.

PIMENTA: O uso constante e imoderado de pimenta — principalmente pimenta-do-reino — pode irritar seriamente as mucosas do aparelho digestivo.

PIMENTÃO: Muitas pessoas têm bastante dificuldade para digerir este alimento. Se ingerido sem a película que o recobre, sua digestão torna-se mais fácil.

REPOLHO: Além de produzir flatulência, este vegetal é indigesto, sendo desaconselhado a pessoas com problemas gastrointestinais. Note-se, entretanto, que o suco de repolho não somente é bem tolerado por tais doentes, como tem até ação medicamentosa nesses casos.

Alimentos que podem causar problemas digestivos   43

RUIBARBO: É contra-indicado em casos de hemorróidas.

TAIOBA (também conhecida como taiova e orelha-de-veado): Além da espécie comestível, de folhas mais claras, existe outra, de folhas mais escuras, de ação fortemente cáustica sobre o aparelho digestivo.

UVA: O suco de uva existente no comércio costuma conter sulfato de cobre pulverizado nas frutas, podendo produzir diarréia por vezes violenta.

VAGEM: É alimento de difícil digestão, produzindo freqüentemente fermentação e flatulência.

Conclusão: *Os alimentos relacionados neste capítulo devem ser consumidos com moderação por pessoas que apresentam problemas digestivos.*

ALIMENTOS IMPRÓPRIOS PARA QUEM SOFRE DE GOTA OU DE ARTRITE

AVEIA: Por conter grande quantidade de purina, este cereal não deve ser utilizado por doentes de gota.

BETERRABA: As folhas deste alimento são prejudiciais aos artríticos e gotosos.

CARNE: Os dejetos azotados (ricos em nitrogênio) da carne são geradores de ácido úrico, favorecendo a instalação de doenças degenerativas, como o reumatismo.

ERVILHA: Por conter grande quantidade de purinas, que no organismo se transformam em ácido úrico, a ervilha é alimento desaconselhado aos doentes de gota.

FAVA: Dado o alto teor de purinas que contém, a fava é contra-indicada a artríticos e gotosos.

FEIJÃO: Rico em purinas, que se transformam em ácido úrico no organismo, o feijão é contra-indicado em casos de gota e de artrite.

GERGELIM: A casca do gergelim contém cristais de oxalato de cálcio que, quando ingeridos em excesso, podem agir desfavoravelmente em caso de artrite.

GRÃO-DE-BICO: Assim como as leguminosas em geral, o grão-de-bico é rico em purinas, não sendo recomendado em casos de gota e artrite.

46 *Maus hábitos alimentares*

LENTILHA: Leguminosa com elevado teor de purina, não é indicada a artríticos e gotosos.

MATE: Por conter grande quantidade de purinas, o mate é contra-indicado a gotosos.

VAGEM: Dado seu alto conteúdo em purinas, a vagem, assim como as leguminosas em geral, deve ser evitada por artríticos e gotosos.

Conclusão: *Pacientes que sofrem de gota e de artrite devem evitar o consumo dos alimentos relacionados neste capítulo.*

ALIMENTOS QUE PODEM PROVOCAR BÓCIO (PAPO)

CEBOLA: O consumo excessivo deste alimento pode levar ao aparecimento do bócio (papo).

No Líbano, por exemplo, em regiões muito afastadas do litoral e nas quais a cebola é consumida em grande quantidade, é bastante acentuada a incidência de bócio.

COUVE-FLOR: Este alimento contém substâncias bociogênicas e, se ingerido em quantidades muito grandes, pode produzir bócio.

Conclusão: *Os alimentos acima relacionados não devem ser consumidos em quantidade excessiva, para que não haja o risco de aparecimento do bócio.*

ALIMENTOS QUE PODEM PRODUZIR CÁLCULOS RENAIS E DA VESÍCULA BILIAR

AZEDINHA: Sob este nome são designadas várias espécies das famílias das oxalidáceas e das poligonáceas: trevo-azedo, trevo-d'água, azeda-miúda, azedinha-de-flor-amarela, azedinha-tuberosa. As folhas dessas plantas, por conter alto teor de oxalato, têm sabor ácido.

Como a maioria dos cálculos renais é formada por oxalatos, as azedinhas devem ser evitadas por pessoas com tendência a cálculos do aparelho urinário.

BETERRABA: As folhas deste vegetal contêm grande quantidade de oxalatos, os quais formam sais insolúveis de cálcio e de ferro que não têm condições de ser absorvidos pelo organismo. Por isso podem precipitar-se nas vias urinárias, levando à formação de cálculos.

COUVE-FLOR: Alguns autores contra-indicam o consumo deste vegetal por pessoas com cálculos renais e vesiculares, devido à riqueza do mesmo em sais minerais que podem precipitar-se no aparelho urinário e na vesícula biliar.

ESPINAFRE: Os oxalatos, substâncias existentes em grande quantidade no espinafre, podem precipitar-se nas vias urinárias, levando à formação de cálculos.

50   *Maus hábitos alimentares*

FEIJÃO: Pessoas com tendência a formar cálculos renais de oxalato devem limitar o uso do feijão, leguminosa muito rica nessa substância.

GERGELIM: A casca do gergelim marrom possui cristais de oxalato de cálcio que, quando ingeridos em demasia, podem produzir cálculos no aparelho urinário.

GRÃO-DE-BICO: Por conter ácido oxálico, deve ser ingerido com moderação por portadores de cálculos renais de oxalato.

VAGEM: Devido ao alto teor de ácido oxálico que possui, a vagem deve ser consumida com parcimônia por pessoas portadoras de cálculos renais de oxalato.

Conclusão: *Os alimentos relacionados neste capítulo devem ser consumidos com moderação, em particular por pessoas que têm tendência à formação de cálculos.*

AMENDOIM E OUTROS GRÃOS: AFLATOXINAS E CÂNCER

As aflatoxinas são substâncias tóxicas formadas por vários fungos, notadamente o *Aspergillus flavus*, durante o armazenamento do amendoim e também de vários outros grãos, como soja, cevada, milho, castanha-do-pará, sementes de algodão.

Para evitar que os grãos sejam acometidos por esses fungos e, conseqüentemente, atingidos pelas aflatoxinas, recomenda-se que sejam colhidos no momento exato da maturação e armazenados em locais secos, ao abrigo da umidade, a qual favorece o desenvolvimento de fungos em geral.

As aflatoxinas são altamente lesivas ao organismo, sendo sobejamente conhecida sua capacidade de produzir câncer do fígado. São muito resistentes aos processos habituais de destruição, inclusive à torração; para que sejam inativas, é necessário o emprego de métodos especiais, como, por exemplo, a autoclavagem intensa.

Praticamente a maior parte do amendoim vendido torradinho ou utilizado para o preparo de pés-de-moleque, paçocas, doces etc. está contaminada por aflatoxinas. Várias indústrias de porte que utilizam amendoim e mantêm rígido controle de qualidade recusam, por esse motivo, grande parte dos grãos a elas oferecidos, e que vão para o comércio menor, sendo empregados no fabrico dos produtos acima mencionados.

52 *Maus hábitos alimentares*

Alimentos mofados (pães, queijos etc.) devem ser totalmente desprezados (e não apenas a parte visivelmente acometida), pois as toxinas disseminam-se rápida e completamente por todo o alimento, mesmo nas partes aparentemente sadias.

Conclusão: *Como as aflatoxinas são substâncias altamente lesivas ao fígado, reconhecidamente responsáveis, entre outros males, por câncer hepático, devemos evitar alimentos que as contêm, particularmente o amendoim.*

ASPARTAME

O aspartame é um adoçante contendo ácido aspártico e fenilalanina, entre outros componentes.

Muitos fatos sugerem relação entre o consumo desse adoçante encontrado em vários produtos "dietéticos" (principalmente em refrigerantes tipo *diet*) e várias doenças, como lúpus sistêmico, tumores cerebrais, más formações fetais, doença de Alzheimer.

Além disso, o consumo de aspartame é relacionado a sintomas que simulam os da esclerose múltipla, o que é explicado pelo metabolismo desse adoçante: quando aquecido a mais de 30 °C, o álcool contido no aspartame transforma-se em formaldeído e posteriormente em ácido fórmico, cuja toxicidade produz sintomas que mimetizam os da esclerose múltipla. Esse quadro regride com a retirada do aspartame.

A "doença do aspartame" é caracterizada por dores generalizadas, formigamentos nas pernas, cãibras, vertigens, tonturas, dores de cabeça e nas articulações, zumbidos nos ouvidos, depressão, distúrbios na fala e na visão, perda de memória.

Nos diabéticos, o aspartame parece provocar sérios problemas de retina (retinopatias).

Conclusão: *Devido aos efeitos nocivos apontados em decorrência da ingestão do aspartame, recomenda-se o não-uso desse adoçante, ao menos até esclarecimento total da questão.*

CARNE

Embora constitua fonte de proteínas, bem como de vitaminas hidro e lipossolúveis, a carne apresenta uma série de graves inconvenientes.

Sua gordura é rica em ácidos graxos muito saturados, com alto teor de colesterol. A carne gorda de boi contém quase o triplo de gordura em relação à magra, o mesmo acontecendo com a de cabrito. Na carne de carneiro, bem mais gordurosa que a de boi, a proporção é de 2:1. As carnes de coelho e de cavalo (utilizada como alimento em vários países) possuem baixo teor de gordura.

As carnes dos animais selvagens (exceção feita ao quati) costumam apresentar taxas de gordura bem inferiores àquelas de animais criados para o abate. Além disso, não apresentam os produtos químicos utilizados na alimentação do gado criado, tampouco conservantes, aditivos ou substâncias resultantes do emprego de vacinas e medicamentos.

No gado criado para o abate, além da gordura nociva à saúde, ocorre a presença de grande quantidade de toxinas (adrenalina, adenocromo, adrenolutina) liberadas no momento do abate. Além disso, essa carne é contaminada por pesticidas (usados para matar carrapatos ou ingeridos em forragens), produtos químicos empregados na alimentação dos animais, metabolitos produzidos por vacinas e medicamentos, antibióticos e hormônios ministrados, conservantes

56 Maus hábitos alimentares

químicos diversos (salitre, formol, nitritos) e pela presença de chumbo devida à proximidade dos pastos com estradas de rodagem.

Os antibióticos introduzidos em nosso organismo por ocasião da ingestão da carne podem produzir alergias, bem como resistência bacteriana aos mesmos. Já os hormônios femininos podem provocar graves problemas prostáticos, sendo que há também quem os incriminem como co-causadores do crescente aumento do número de casos de homossexualismo masculino.

Os dejetos azotados da carne são geradores de ácido úrico, favorecendo a instalação de moléstias degenerativas, como o reumatismo.

Não possuindo fibras, os produtos cárneos, se ocuparem papel relevante na alimentação, poderão ser causa de obstipação intestinal (prisão de ventre), com todas as conseqüências disso decorrentes.

A proteína animal aumenta o nível de colesterol no sangue (de 5% a 20%, dependendo da quantidade consumida), enquanto a vegetal o reduz.

Nitritos e nitratos são substâncias utilizadas como aditivos da carne com a finalidade de conservá-la e de lhe conferir coloração rósea, "saudável". Tanto uns quanto outros (no organismo os nitratos transformam-se em nitritos) são reconhecidamente cancerígenos, mesmo em quantidade muito pequena. Além disso, agem sobre a hemoglobina transformando-a em meta-hemoglobina, diminuindo, dessa maneira, sua capacidade de transportar oxigênio no sangue. Tal fato ocorre principalmente em bebês, devido à baixa acidez do suco gástrico.

A carne de porco, além de todos os inconvenientes citados, apresenta o risco de poder conter o *Cisticercus celulose*, embrião da *Taenia sollium*, cuja ingestão poderá provocar graves danos à saúde, como cegueira, convulsões etc.

Além de conter as toxinas e os demais produtos nocivos já assinalados, a carne, segundo Leandro Montes em *Microbiologia de los alimentos*, pode transmitir diversas doenças infecciosas bacterianas ou viróticas, tanto aos manipuladores quanto aos consumidores: tularemia (especialmente com carne de coelho); leptospirose íctero-hemorrágica (adquirida principalmente pela manipulação); listeriose (por carnes de carneiro, peru, frango, coelho); salmonelose (carne de boi, porco, peru, frango etc.); shigelose; estafilococcias; botulismo; febre aftosa (por línguas de gado vacum); síndrome urêmica hemolítica (por carne bovina malcozida).

A *carne crua*, ingerida como tal (quibe cru, por exemplo) ou sob a forma de lingüiça, além de acentuar a possibilidade da ocorrência das moléstias citadas, pode ser fonte de outras graves afecções, como, por exemplo, a cisticercose, com sintomas muito graves, tais como convulsões, cegueira etc. A carne grelhada mata os microorganismos, mas há estudos mostrando que a queimadura e a fumaça do carvão liberam substâncias cancerígenas.

Nos *produtos defumados* existe também o risco da proliferação de mofos em ambientes úmidos. Além disso, os produtos defumados são sabidamente cancerígenos.

A *carne-seca*, conhecida também como charque ou jabá, quando colocada em água para ser dessalgada, perde boa parte dos nutrientes, que são retirados com a água. Além disso, a gordura da carne-seca sofre certo grau de rancificação, o que produz radicais livres, além de poder causar dificuldade digestiva.

A *carne-de-sol* é semelhante à carne-seca, porém com salgação mais leve, conservando-se, assim, por menos tempo. Trata-se de produto caseiro, não-comercial, devido justamente ao pequeno prazo de conservação. Apresenta os mesmos inconvenientes que a carne-seca quanto à dessalgação e rancificação das gorduras.

58 Maus hábitos alimentares

A *carne congelada* é mais dura e desidratada que a fresca, e tem coloração externa vermelho-escura (por causa da desidratação e da oxidação da mio-hemoglobina). Sua gordura torna-se esbranquiçada pela oxidação e seu gosto e cheiro sofrem perda acentuada.

Com o descongelamento, a carne, além de perder nutrientes, devido à saída de líquidos, deteriora-se rapidamente. Por ocasião do descongelamento, o maior risco é o da proliferação de salmonelas sobreviventes. O mesmo pode acontecer com leveduras e mofos.

A fim de evitar que a carne congelada, bem mais facilmente perecível que a fresca, se deteriore e cause intoxicações, G. Riedel ensina como utilizar o produto congelado e já descongelado por ocasião da compra:

- Não guardar carne congelada em estado cru, de um dia para outro, mesmo em geladeira ou *freezer*.
- Iniciar o preparo culinário assim que o produto for adquirido.
- Cortar e manusear a carne na mesma vasilha em que vai ser levada ao fogão.
- Evitar manuseio demasiado da carne crua.
- Se a carne congelada não for ser consumida no dia da compra, deve ser passada em água fervente por dez minutos, como medida de emergência. Depois de fria, deve-se colocá-la na geladeira.

* * *

Albert Einstein, Albert Schweitzer, Alexis Carrel, Annie Besant, Beethoven, Bernard Shaw, Bob Dylan, Buda, Byron, Carl Segan, C. W. Leadbeater, Cervantes, Confúcio, Cuvier, Darwin, Descartes, Diógenes, Epicuro, Francis Bacon, Franklin, Gandhi, Gibran Khalil Gibran, Goethe, Haeckel, H. G. Wells, Isaac B. Singer, Isaac Newton, Jean-Jacques

Carne 59

Rosseau, Jesus, Krishnamurti, Lao Tsé, Leibniz, Leonardo da Vinci, Lineu, Maeterlinck, Michael Jackson, Milton, Nietzsche, Ovídio, Pascal, Paul Carton, Paul e Linda Mc Cartney, Pitágoras, Platão, Plotino, Plutarco, Reclus, Richard Wagner, Santa Tereza de Jesus, Santo Afonso de Liguori, Santo Agostinho, Santo Inácio de Loyola, São Basílico, São Bento, São Bernardo, São Clemente de Alexandria, São Domingos, São Francisco de Assis, São Francisco Xavier, São Gregório, São Jerônimo, São João Crisóstomo, Sêneca, Shankaracharya, Schoppenhauer, Shelley, Sócrates, Spencer, Spinoza, Tertuliano, Thomas Edison, Tolstói, Voltaire, Xenofonte, Zoroastro.

O que apresentam em comum todos esses ilustres sábios, santos, filósofos, artistas e cientistas? Foram todos vegetarianos.

O vegetarianismo, portanto, não é algo adotado por lunáticos e visionários, não é modismo que logo tende a desaparecer.

Vejamos o que dizem a respeito algumas das mais representativas figuras da humanidade:

Leonardo da Vinci: "Virá o dia em que a matança de um animal será considerada crime tanto quanto o assassinato de um homem".

Paul Carton: "Se quisermos nos liberar do sofrimento, não devemos viver do sofrimento e do assassínio infligidos a outros animais".

Pitágoras: "Enquanto o homem continuar a ser o destruidor impiedoso dos seres animados dos planos inferiores, não conhecerá a saúde nem a paz. Enquanto os homens massacrarem os animais, matar-se-ão entre si. Aquele que semeia a morte e a dor não pode colher a alegria e o amor".

* * *

Está na hora de destruirmos o mito de que as proteínas da carne são indispensáveis à nutrição. Podemos afirmar,

60 *Maus hábitos alimentares*

com absoluta convicção e experiência, que os vegetarianos* (bebês, crianças, adolescentes, adultos e velhos) gozam de excelente saúde, sendo a carne totalmente desnecessária à alimentação humana, em qualquer idade.

Os vegetarianos apresentam taxas de mortalidade mais baixas em todos os tipos de câncer do que os não-vegetarianos: cerca de 60% menor. Quanto ao câncer de colo, a taxa é 97% inferior.

A proteína animal aumenta o nível de colesterol no sangue, ao passo que a proteína vegetal o reduz. Estima-se que a proteína animal aumenta os níveis de colesterol em 5%-20%.

Declaração da *American Dietetic Association*:

> Um considerável conjunto de dados científicos indica uma relação positiva entre estilos de vida vegetarianos e redução do risco de doenças crônicas, como obesidade, cardiopatias, hipertensão, diabetes melito, câncer de colo e outros.

Conclusão: *Além dos numerosos riscos à saúde, o consumo de carne implica questões de ordem ética. É alimento perfeitamente dispensável para qualquer pessoa, de qualquer idade.*

---

* Referimo-nos aos lacto-ovo-vegetarianos, e não aos vegetarianos estritos ou vegetalianos.

CONGELADOS

O consumo de alimentos congelados incorporou-se definitivamente aos hábitos alimentares atuais por uma série de razões, inclusive de ordem econômica: além de poupar o tempo na cozinha, o congelamento permite que sejam armazenados produtos que fora da safra atingiriam preços muito elevados.

O consumo ocasional de congelados é perfeitamente tolerável, visto que as vantagens de praticidade e economia o justificam. Não se deve, entretanto, consumi-los rotineiramente, pois são considerados alimentos mortos, destituídos de energia vital.

Além disso, a perda de vitaminas nesses alimentos é acentuada: depois de 90 dias perdem de 30% a 50% de vitamina C, tiamina e riboflavina (vitaminas do complexo B).

Na realidade, todas as vitaminas dos alimentos sofrem perdas com o congelamento. Por essa razão deve-se evitar congelar verduras e hortaliças, reservando-se o método para carnes e massas.

Alguns cuidados são essenciais para esse procedimento:

- Os produtos a serem congelados devem ser de boa qualidade, e as frutas, hortaliças e verduras devem pertencer à safra em vigência. Devem também ser preparados logo após ter sido adquiridos.

62 *Maus hábitos alimentares*

- Os pratos prontos devem ser resfriados rapidamente, para se impedir a multiplicação de germes, o que costuma ocorrer em resfriamentos lentos. Aconselha-se colocar os pratos em panelas ou recipientes com gelo.

- Os alimentos só devem ser embalados após estar totalmente frios e a embalagem ser hermeticamente fechada.

- Anotar em cada embalagem seu conteúdo e a data de validade.

- Legumes e verduras devem ser pré-cozidos ou escaldados em água quente ou vapor, antes do congelamento. Após esses cuidados, deve-se resfriá-los em água gelada.

- A temperatura para se manter alimentos congelados é de −18 °C. O congelador da geladeira não atinge essa temperatura, ficando apenas em torno de −12 °C. Portanto, não guardar alimentos no congelador da geladeira, e sim no *freezer*.

- Não levar de volta ao *freezer* alimentos depois de descongelados: consumi-los dentro de um prazo máximo de 48 horas.

* * *

Alguns supermercados, para economizar energia elétrica, desligam seus aparelhos durante a noite, comprometendo severamente a conservação dos produtos.

Determinados alimentos, por se deteriorarem rapidamente, não devem ser submetidos ao congelamento. É o caso das carnes cruas temperadas, camarões com cabeça, crustáceos (siri, lagosta, caranguejo etc.) com casca, ovos com casca ou cozidos, manteiga ou margarina que não sejam frescas, creme de leite em lata, coalhadas caseiras, iogurtes, ricota, queijo-de-minas, alface, tomate, pepino, chuchu, leite não pasteurizado ou não esterilizado, claras em neve, pudins cremosos, gelatinas, batatas ao natural ou cozidas, chocolate, picles, chouriço, risotos.

Conclusão: *Ao lado de várias vantagens, os alimentos congelados apresentam, em contrapartida, as desvantagens de serem desnaturados e de perderem vários nutrientes. Deve-se consumi-los apenas ocasionalmente.*

ESPINAFRE E PLANTAS CONTENDO NITRATOS

Algumas plantas são naturalmente ricas em nitratos, principalmente o espinafre (também a alface e algumas outras folhas). Em determinadas condições, o conteúdo desses sais pode-se apresentar ainda mais elevado: quando regadas com água de poço (que possui alto teor de nitratos) ou cultivadas em solos excessivamente adubados.

Crianças muito pequenas, abaixo de três ou quatro meses de idade, devido à menor acidez gástrica e ao maior crescimento de germes intestinais redutores, apresentam condições favoráveis à transformação de nitratos em nitritos. Estes podem reagir com a hemoglobina do sangue formando o composto chamado meta-hemoglobina, o qual leva a uma diminuição do oxigênio no organismo, por vezes muito grave.

Por essa razão, vegetais ricos em nitrato, particularmente o espinafre, não devem ser utilizados na alimentação de crianças muito pequenas, abaixo de quatro meses de idade.

A cocção retira cerca de 80% do conteúdo de nitratos, e por este motivo a água na qual foi cozido o espinafre também deve ser desprezada, em se tratando da alimentação de crianças de muito pouca idade.

Conclusão: *Não usar plantas ricas em nitrato, particularmente o espinafre, em crianças com idade inferior a seis meses de idade.*

FARINHAS BRANCAS *versus* FARINHAS INTEGRAIS ALIMENTOS REFINADOS *versus* ALIMENTOS INTEGRAIS

Para bem compreendermos as vantagens dos alimentos integrais (não "beneficiados", não refinados) sobre aqueles submetidos a processos de decorticação e de refinação, devemos nos reportar a determinados episódios da história da descoberta das vitaminas.

No século XIX, em várias partes do mundo, grande número de pessoas e de animais era acometido de uma doença, o beribéri, causadora de sintomas neurológicos, digestivos, cutâneos e outros e para a qual não havia cura na época.

No ano de 1885 o almirante japonês Tataki conseguiu eliminar o beribéri da marinha japonesa com a simples substituição do arroz branco pelo integral. Essa doença grassava entre os marinheiros da armada nipônica, fazendo inúmeras vítimas com grande sofrimento.

Cinco anos depois, em 1890, o médico holandês Eijkman constatou que as pessoas alimentadas com arroz branco desenvolviam beribéri com grande freqüência, o mesmo ocorrendo com os animais alimentados dessa maneira. Constatou também que os que consumiam arroz integral, não decorticado, não apresentavam a doença. Passou então a alimentar os doentes com arroz integral, tendo obtido cura significativa do beribéri.

Tais fatos foram repetidos e confirmados por Grigins em 1901, em todas as partes do mundo onde era utilizado o arroz branco.

68   *Maus hábitos alimentares*

Na época, a medicina, graças às recentes descobertas de Pasteur, vivia a era microbiana, na qual praticamente todas as doenças eram consideradas como produzidas por germes. Por esse motivo os cientistas da época atribuíram a existência de um agente antimicrobiano presente na cutícula dos cereais. Tal agente seria retirado com a remoção da cutícula, com o "beneficiamento", o que permitiria que os micróbios viessem a produzir doenças como beribéri, pelagra e outras.

Somente em 1910 o bioquímico norte-americano Casimir Funk isolou um componente da cutícula do arroz, cuja carência era responsável pelo aparecimento do beribéri. Constatou que tal substância pertencia ao grupo amino e a batizou de vitamina, palavra cujo significado é "amina indispensável à vida".

Sabe-se atualmente que a substância isolada por Funk constitui a vitamina B1, conhecida como tiamina ou aneurina.

Após a descoberta de Funk numerosas outras vitaminas foram identificadas graças a estudos feitos por vários pesquisadores, entre os quais destacam-se Hpkins e Stepp. De modo geral, os trabalhos desenvolvidos por esses cientistas consistiam em privar animais de determinados alimentos naturais, observando os sintomas que podiam surgir. Em seguida, com a reintrodução dos alimentos que haviam sido retirados, os sintomas deveriam desaparecer.

Entre 1920 e 1940, numerosas vitaminas foram descobertas por meio desses estudos, sendo classificadas em dois grandes grupos:

1) Vitaminas hidrossolúveis (solúveis em água): as do complexo B* e vitamina C.

---

* Após o descobrimento da vitamina B1, foram descobertas várias outras, com funções e fontes semelhantes a ela. Tais vitaminas foram reunidas num grupo ao qual se deu o nome de Complexo B ou Constelação B, e são muitas, como a B1, B2, B6, B12, B15 etc.

2) Vitaminas lipossolúveis (solúveis nas gorduras): A, D, E, K.

Sabe-se hoje em dia que o termo vitamina não é correto, pois nem todas pertencem ao grupo amina. Entretanto, o nome criado por Funk acha-se consagrado, tendo perdido seu significado original e etimológico de "amina indispensável à vida".

Várias doenças de alta gravidade e para as quais não havia cura foram eliminadas com a simples introdução de alimentos naturais à dieta dos pacientes. É o caso, por exemplo, da pelagra — considerada antigamente uma espécie de lepra: a "lepra vermelha" — e do escorbuto, causadas respectivamente pelas carências de vitaminas B2 e C.

Referimo-nos várias vezes neste capítulo a arroz integral e a arroz branco ("beneficiado" ou decorticado). Que significam exatamente esses termos? Quais as diferenças reais entre um e outro?

Para bem compreendermos a questão, reportemo-nos à estrutura de um grão de arroz (e dos cereais em geral: trigo, aveia, milho, cevada, centeio etc.):

Podemos observar que cada grão é composto de:

a) Casca, sua porção mais externa.
b) Cutícula: membrana existente sob a casca e que reveste totalmente o grão.

70 Maus hábitos alimentares

c) Um broto: o germe, destinado à reprodução.
d) Uma parte amidosa, o grão propriamente dito, revestido pela cutícula.

Na cutícula e no germe encontram-se praticamente todas as vitaminas e minerais dos grãos. No restante, ou seja, no grão propriamente dito, existe quase que só amido (hidrato de carbono).

Na atualidade, de posse de todos os conhecimentos adquiridos, seria lógico esperar que fossem consumidos os grãos inteiros, integrais, com suas cutículas e germes, pois nestas partes estão concentrados praticamente todos os nutrientes. Mas o que acontece é o contrário: a indústria retira justamente o córtex (cutícula) e o germe do arroz, deixando apenas a parte amidosa do cereal.

No caso do milho, as vitaminas contidas nesse cereal são lipossolúveis (solúveis em gordura) e concentram-se no germe, que é retirado pela indústria para a produção de óleo de milho.

Quanto às farinhas (de trigo, arroz etc.), as brancas são preparadas com grãos não-integrais, decorticados, possuindo, portanto, menor valor nutritivo que aquelas feitas pela moagem de grãos integrais.

Perda na farinha branca comparada com a
do trigo integral

95% das fibras;
75% dos minerais;
75% das vitaminas do complexo B;
50% do cálcio e da vitamina E;
35% dos lípides;
10% das proteínas.

Retirando-se os nutrientes de determinado alimento e repondo-o artificialmente na alimentação, o efeito sobre o organismo será o mesmo? Vejamos: foi verificado por pesquisadores que ratos alimentados com leite passavam bem e apresentavam boa saúde. Com a retirada do leite da alimentação daqueles roedores, que passaram a receber cada componente do leite separadamente, os animais morriam. Os pesquisadores concluíram, portanto, que:

1) Estamos longe de conhecer todos os nutrientes dos alimentos, e é pretensioso julgar que sabemos tudo sobre seus componentes. Quantos outros existirão, ainda desconhecidos?

2) Não basta ingerir os componentes de determinado alimento. É indispensável que sua energia vital seja mantida, isto é, que o alimento seja vivo, pleno de força vital. A medicina natural insiste muito nesse ponto, ao qual confere a máxima importância.

Conclusão: *Para que os alimentos mantenham todos os seus nutrientes e sua vitalidade, devem ser consumidos em estado integral, não decorticados. Devemos escolher sempre cereais integrais, bem como produtos preparados com suas farinhas (pães, biscoitos, massas). Não basta, entretanto, que os grãos sejam integrais, pois, embora na cutícula (e no germe) acumule-se boa parte dos nutrientes, em contrapartida nela são concentrados também os agrotóxicos utilizados pelos produtores. É necessário, portanto, que sejam empregados grãos integrais e cultivados organicamente, ou seja, sem agrotóxicos, para que nos mantenhamos bem-nutridos e com plena vitalidade.*

FENILCETONÚRIA —
FENILALANINA*

A fenilcetonúria, conhecida também como oligofrenia fenilpirúvica, é doença resultante de um erro inato do metabolismo. O organismo desses doentes apresenta deficiência de uma enzima cuja função é transformar fenilalanina em tirosina; como conseqüência, há aumento de fenilalanina e de seus metabolitos no organismo, com aumento também de sua eliminação pela urina.

A fenilcetonúria tem como principal característica uma deficiência mental. Os pacientes dessa afecção costumam ter pele clara e olhos azuis. Sua urina apresenta cheiro característico "de rato ou de bicho".

O tratamento da fenilcetonúria deve ser instituído o mais cedo possível, antes de ocorrerem alterações mentais irreversíveis, e consta de dietas com alimentos sem fenilalanina. É por este motivo que numerosos alimentos existentes no comércio contêm a advertência: "possui fenilalanina".

Para recém-nascidos com esse problema (que atualmente é detectado precocemente, pelo exame do pezinho) existem leites especiais sem fenilalanina.

Pessoas homozigóticas (com características específicas em seus cromossomos) para fenilcetonúria também devem receber dietas isentas em fenilalanina, principalmente mulheres durante o período de gestação.

---

* Ver também o capítulo "Aspartame", página 53.

74 Maus hábitos alimentares

O adoçante aspartame encontrado em vários produtos "dietéticos"(inclusive em refrigerantes tipo *diet*) contém fenilalanina. Há quem atribua a esse adoçante a ocorrência de numerosas e graves enfermidades.

Conclusão: *Pacientes com fenilcetonúria ou pessoas homozigóticas para este mal não devem consumir alimentos contendo fenilalanina.*

FRANGO

"Cautela e caldo de galinha não fazem mal a ninguém."
Quem não se lembra desse velho ditado? Mas será que ele
continua válido?

Atualmente os frangos de granja são criados confina-
dos, imóveis, e por esse motivo sua carne fica tenra. São
enfraquecidos e desvitalizados, ao contrário das aves que
correm soltas e se alimentam de grãos naturais.

Por esses motivos, os frangos de granja recebem grande
quantidade de hormônio feminino, havendo suspeita que o
crescente aumento do homossexualismo masculino possa
estar relacionado à ingestão desse hormônio.

Ao se consumir frango de granja, deve-se cozinhá-lo
bem, a fim de eliminar germes eventualmente existentes.

O desumano processo atual de criação de frangos em
granjas, que reúne grande quantidade de aves em áreas
exíguas, faz com que permaneçam muito juntas umas das
outras, quase imóveis. Tal proximidade favorece a propa-
gação de germes, entre eles a temível *Salmonella*, encontrada com freqüência em frangos de granja e que pode
ocasionar graves distúrbios à saúde humana, como disen-
teria grave e até mesmo fatal.

Além disso, o uso de antibióticos fornecidos rotineiramente às aves faz com que os germes se tornem resistentes
a tais substâncias, agravando a situação.

76   *Maus hábitos alimentares*

Existem feirantes e açougueiros desonestos que vendem como "frangos caipiras fresquinhos" aves de granja pintadas com sulfito de sódio absolutamente fora de qualquer controle.

Outras aves comercializadas industrialmente, como perus, patos etc., apresentam os mesmos inconvenientes que os frangos de granja.

Ao utilizar aves na alimentação, deve-se evitar a pele e demais porções ricas em gorduras (ver capítulo "Gorduras", página 79).

Conclusão: *Frangos e outras aves de granjas apresentam alguns dos mesmos graves inconvenientes à saúde que a carne de gado: contêm hormônios, antibióticos e metabolitos de vacinas. Ao se consumir frango, dar preferência aos "caipiras": aves criadas soltas e que se alimentam de grãos naturais. Desprezar a pele e demais porções ricas em gorduras.*

GLÚTEN

É uma substância viscosa, grudenta (glúten = grude), existente em vários cereais (trigo, centeio, aveia e cevada). É obtido pela moagem desses cereais.

Trata-se de um complexo protéico, sem açúcar, motivo pelo qual costuma ser empregado em alimentos para diabéticos (pães, macarrão, massas).

O glúten confere características de plasticidade e elasticidade às massas de pães preparadas com cereais. Quando o glúten não é acrescentado ao pão, este fica mais duro, como no caso do sarraceno.

Por ser substância viscosa e colante, o glúten adere às paredes intestinais, tornando mais lenta a progressão dos alimentos no intestino, o que favorece o aparecimento de putrefações intestinais.

Freqüentemente produz sintomas alérgicos, como perturbações digestivas, otites de repetição, infecções repetidas das vias aéreas, dores articulares.

Está sobejamente demonstrado que o glúten é responsável pelas lesões intestinais da doença celíaca, a qual se inicia de quinze dias a vários meses após a introdução dessa substância na alimentação da criança e se caracteriza por diarréias intermitentes, com comprometimento do desenvolvimento pondo-estatural. A lesão intestinal dessa doença regride com a retirada dos alimentos que contêm glúten.

Conclusão: *Alimentos contendo glúten não podem ser utilizados por pacientes com síndrome celíaca glúten-induzida. As demais pessoas devem consumir esta substância com moderação, devido aos inconvenientes que podem acarretar à saúde.*

GORDURAS

ÓLEOS E AZEITES

As gorduras ou lipídios são alimentos indispensáveis ao bom funcionamento orgânico, desempenhando várias funções de grande importância: constituem veículos para o transporte de vitaminas lipossolúveis (solúveis em gorduras); têm função energética, liberando grande quantidade de calorias; fornecem moléculas essenciais ao organismo (prostaglandinas, lipoproteínas e colesterol), bem como ácidos graxos essenciais; protegem o corpo contra variações de temperatura e contra perda excessiva de água pela transpiração; incrementam o paladar dos alimentos.

Quimicamente, as gorduras simples são constituídas por glicerol e ácidos graxos. Estes podem ser classificados, segundo seu grau de saturação, em saturados (apresentam ligações simples entre átomos de carbono) e insaturados (apresentam ligações duplas).

Para que sejam transportadas pelo sangue, as gorduras são revestidas por uma capa protéica, formando as chamadas lipoproteínas, das quais existem pelo menos dois tipos: as de alta densidade: HDL (*high density lipoprotein*) e as de baixa densidade: LDL (*low density lipoprotein*).

As primeiras (HDL) retiram as gorduras das artérias e as transportam até o fígado, sendo por ele eliminadas do organismo.

80 *Maus hábitos alimentares*

As lipoproteínas de baixa densidade (LDL) carregam as gorduras pelo sangue e as depositam nas paredes das artérias.

De modo resumido e muito simplista, podemos dizer que existem dois tipos de gorduras:

a) As boas para o organismo, ricas em HDL, que protegem as artérias.

b) As nocivas ao organismo, ricas em LDL, prejudiciais às artérias.

O HDL é encontrado em alimentos ricos em ácidos graxos insaturados: gorduras vegetais em geral, particularmente óleos de milho, soja, girassol, arroz, gergelim, canola.

O LDL encontra-se em gorduras ricas em ácidos graxos saturados. É o caso das gorduras animais contidas em carne, leite e derivados, ovos, aves e de alguns vegetais, como coco e cacau.

Os alimentos ricos em ácidos graxos poliinsaturados (óleos de linhaça, canola, soja, girassol, gergelim, nozes, sementes de abóbora) ficam rançosos facilmente. A rancificação é um processo que leva à formação de substâncias nocivas, de radicais livres, motivo pelo qual tais alimentos devem ser armazenados cuidadosamente.

Gorduras hidrogenadas: a hidrogenação é um processo pelo qual as gorduras líquidas são solidificadas por meio de adição de hidrogênio, passando a constituir as gorduras hidrogenadas; são levadas a altas temperaturas, em seguida refrigeradas e posteriormente aquecidas de novo. Desta maneira, conservam-se durante muito mais tempo sem se alterar e tornam-se mais saborosas. Tais características as tornam muito apreciadas pela indústria alimentícia, que as emprega amplamente no preparo de margarinas, bolos, massas, pães, biscoitos, bolachas, batatas fritas, salgadinhos e inúmeros outros produtos.

Em contrapartida, as gorduras hidrogenadas têm a grande desvantagem de transformar uma parte das moléculas de gordura insaturada em ácidos graxos trans,* bastante nocivos ao organismo, pois elevam o nível total de colesterol, diminuindo o nível de HDL (o colesterol bom). Infelizmente, não há consenso sobre como classificar os ácidos graxos trans nos rótulos dos alimentos.

Isto pode explicar o "paradoxo francês": o fato de os franceses ingerirem tanta gordura saturada quanto os norte-americanos e apresentarem taxas mais baixas de doenças cardiovasculares. É que na França o consumo de gorduras hidrogenadas é muito pequeno, dando-se preferência ao uso de azeite de oliva e outros óleos vegetais.

E o que são os óleos prensados a frio?

Antes da Primeira Guerra Mundial os óleos eram extraídos artesanalmente, a frio. Recém-prensados eram entregues nas portas das casas e usados logo em seguida, pois tornavam-se rançosos rapidamente.

Após a Primeira Guerra foram desenvolvidos novos métodos de processamento dos óleos (refinamento, desodorização, clareamento) que levam à obtenção de produtos inodoros, insossos, claros e estáveis, os quais podem permanecer longos períodos de tempo sem se alterar, sem que se tornem rançosos.

---

* Ácidos graxos trans são aqueles que têm a mesma fórmula química da molécula de um ácido graxo "normal", mas com os átomos de hidrogênio em disposição espacial diferente. Embora grande parte dos ácidos graxos trans seja monoinsaturada (e as gorduras monoinsaturadas são vistas de forma muito favorável), são muito nocivos ao organismo. E levam o consumidor a acreditar que esteja utilizando um produto saudável, quando na realidade acontece exatamente o oposto. O ideal seria que os ácidos graxos trans fossem relacionados separadamente nos rótulos dos produtos alimentares.

82 *Maus hábitos alimentares*

Em contrapartida, tais métodos de processamento, além de desnaturarem os óleos, danificam ou reduzem substâncias valiosas neles contidas, inclusive ácidos graxos essenciais e vitamina E.

A preferência deve recair sobre óleos prensados a frio, de forma mecânica e lenta, para que a temperatura não passe de 60 °C. Tais óleos não devem ser posteriormente refinados e devem ser obtidos de plantas cultivadas sem agrotóxicos (estes são parcialmente removidos com a refinação).

Infelizmente a expressão "prensado a frio" não é regulamentada, e alguns óleos prensados a frio passam por processos ulteriores de refinação, clareamento e desodorização, podendo ocasionar sérios danos aos ácidos graxos essenciais. Os óleos realmente prensados a frio e não submetidos aos processos ulteriores acima relacionados têm cor mais escura, um pouco esverdeada, bem como sabor mais acentuado que os refinados, que são mais claros e não têm sabor.

A maioria dos óleos prensados a frio é facilmente deteriorável, motivo pelo qual devem ser conservados em geladeira ou no *freezer*, em recipientes escuros. São exceções os azeites de oliva extravirgens (excelentes, extraídos da primeira prensagem das azeitonas), ou virgens (também bons, extraídos da primeira ou segunda prensagem), que são prensados a frio, mas por serem compostos e ácidos graxos monoinsaturados estáveis mantêm-se durante vários meses em temperatura ambiente. Conservam (principalmente os extravirgens) a maioria das substâncias benéficas naturalmente presentes nas azeitonas.

Todas as gorduras submetidas ao calor (cocção, fritura ou qualquer outro método) sofrem rotura de suas moléculas, com produção de substâncias nocivas ao organismo, muitas das quais com propriedades cancerígenas. Deve-se, portanto, sempre que possível, colocar o óleo ou azeite no alimento após o preparo, já pronto na mesa, sem ir mais ao fogo. Quando o preparo é fundamental, recomenda-se a cocção no vapor d'água, em fogo brando ou em banho-maria, e com a menor duração possível.

Existem numerosas evidências epidemiológicas e experimentais incriminando a alimentação rica em gorduras (principalmente as de origem animal) como responsável pela alta incidência de câncer em determinados órgãos, notadamente mama, colo e próstata.

Conclusão: *Utilizar gorduras com bastante parcimônia, dando preferência às vegetais, evitando, sempre que possível, as de origem animal.*

Preferir óleos e azeites prensados a frio e sem processamentos ulteriores, obtidos de vegetais cultivados sem agrotóxicos.

Colocar as gorduras e óleos nos alimentos de preferência após estes terem sido preparados, sem ir ao fogo.

Evitar as gorduras hidrogenadas.

Evitar alimentos rançosos.

* * *

Ver também capítulos correlatos: Carne, Frango, Leite e derivados, Margarina e Peixes e frutos do mar.

LEITE E DERIVADOS

"Não há dúvida que o melhor alimento para o recém-nascido é o leite humano, como para o bezerro é o leite de vaca e para a baleinha é o leite da baleia mãe" — José Eduardo Dutra de Oliveira.

Após as fases de recém-nascido e infância, o homem é o único animal que continua a tomar leite sempre e de outras espécies animais.

O leite de vaca é demasiadamente rico em gorduras, convindo mais ao bezerro do que ao homem. Por esta razão, deve-se preferir o leite semidesnatado, sendo mesmo recomendado rotineiramente seu uso para qualquer pessoa acima de dois anos de idade.

Além de demasiadamente rico em gorduras, o leite é muitas vezes pouco tolerado, principalmente por adultos, devido à inexistência nestes de um fermento: o lab-fermento, que participa na sua digestão. Recomenda-se, para essas pessoas, o uso de iogurte (feito com leite semidesnatado), por ser alimento já parcialmente digerido.

Há pessoas (crianças, inclusive) que apresentam intolerância ao açúcar, *lactose*, existente no leite. Para elas encontram-se no mercado leites sem esse açúcar, sem lactose.

O leite de cabra, por ser menos gorduroso que o de vaca, é mais adaptado ao nosso organismo, porém é pobre em vitamina B12, e seu uso rotineiro pode produzir um tipo particular de anemia.

86   Maus hábitos alimentares

Os leites tipo A, B e C, habitualmente vendidos em saquinhos, são pasteurizados. A pasteurização é um processo que visa à higienização do leite: não destrói todos os germes nele contidos, apenas os patogênicos (ou seja, aqueles que produzem doenças). Destrói certo número de nutrientes: 5% dos sais de cálcio e de fósforo, 20% de sais de iodo e de algumas enzimas. De modo geral, pode-se dizer que a pasteurização destrói cerca de 15% das vitaminas e 3% das proteínas do leite.

Embora a pasteurização destrua os germes, seus esporos permanecem. Para eliminá-los, torna-se necessário ferver o leite em casa durante três a cinco minutos, o que acarreta nova e importante perda de nutrientes (30% das proteínas e quase a totalidade de algumas vitaminas, como, por exemplo, o ácido fólico).

Os leites tipo "longa vida" são esterilizados, o que os torna totalmente isentos de germes (desde que a embalagem esteja intacta: se estiver amassada, poderá haver a presença de microfuros por onde eventualmente penetrarão germes, contaminando o produto).

O processo de esterilização acarreta acentuada perda de nutrientes (maior do que aquela que ocorre com a pasteurização), principalmente no tocante às vitaminas B1, B6, B12 e C, aos ácidos graxos poliinsaturados, lisina e aminoácidos.

Acrescente-se a isto que o leite esterilizado, após embalado, continua sofrendo considerável perda de nutrientes: a permanência do leite na embalagem original durante um mês, a uma temperatura ambiente de 25 ºC, provoca perdas da mesma grandeza que as sofridas durante o processo de esterilização, ou seja, é como se tivesse sido esterilizado novamente.

De acordo com a escola de alimentação biológica, o leite esterilizado (assim como o leite em pó e o condensado) é produto morto, completamente destituído de energia vital.

MANTEIGA

Pode ser considerada como uma suspensão de gorduras (80%) em água (15% a 20%).

Mais de 40% das gorduras da manteiga possuem ácidos graxos saturados. Por esse motivo, deve ser consumida em quantidades bastante parcimoniosas e sempre sem ir ao fogo, caso contrário haverá desprendimento de substâncias nocivas, muitas das quais cancerígenas.

Manteigas produzidas em más condições sanitárias podem apresentar coliformes fecais, além de outros germes (*Staphylococcus aureus*), mofos e leveduras. A batedeira empregada para produzi-las pode constituir importante fonte de contaminação bacteriana, pois nem sempre é mantida limpa.

QUEIJOS

Por tratar-se de alimentos muito ricos em gorduras saturadas devem ser preparados com leite desnatado, semidesnatado ou de cabra.

Evidências epidemiológicas e experimentais sugerem que o aumento do consumo de produtos de origem animal, particularmente laticínios, é causa da alta incidência de determinados cânceres, como os da mama, colo e próstata.

Durante o processo de maturação, no fabrico do queijo, parte das proteínas é transformada e certos aminoácidos são degradados por fermentação, tornando a qualidade das proteínas do queijo ligeiramente inferior à do leite.

Queijos frescos fabricados com leite não-pasteurizado mantêm os germes existentes neste, inclusive os patogênicos eventualmente presentes (como os da tuberculose, brucelose etc.). Por este motivo, muito cuidado com queijos produzidos em fazendas, sem controle sanitário. Em 1981, Escudero (citado por Guenther Riedel) encontrou, em requeijões

88 Maus hábitos alimentares

do Norte, contagem de até 32 por 1000 coliformes por grama do produto.

Durante o armazenamento, há a possibilidade de os queijos serem atacados por ratos, que neles podem depositar urina; isto favoreceria a transmissão de doenças como a leptospirose.

Queijos conservados inadequadamente podem desenvolver mofos indesejáveis.

Deve-se sempre preferir os queijos brancos (queijo-de-minas, ricota etc.), pois os amarelos recebem corantes, principalmente o sulfito de sódio.

Conclusão: *Para evitar o aparecimento de problemas cardíacos e circulatórios deve-se, a partir de dois anos de idade, fazer uso de leite semidesnatado.*

Usar manteiga com muita parcimônia (sempre sem ir ao fogo).

Dar preferência a queijos brancos e preparados com leite desnatado ou semi e pasteurizado.

Muitos adultos que não toleram leite podem fazer uso de iogurte.

MANDIOCA

Nossa querida e brasileiríssima mandioca (*Manhiot utilissi-ma*, da família das euforbiáceas), conhecida no Nordeste como macaxeira e no Rio de Janeiro como aipim, é planta largamente utilizada na cozinha nacional, sendo ingerida frita, cozida, em sopas, sob a forma de bolos, doces, farinha, farofa etc.

Entre as mais de 150 variedades existentes podemos classificá-las em dois grupos básicos: as não-venenosas (mandiocas mansas) e as venenosas (mandiocas bravas ou amargosas). Todas, quer pertencentes ao primeiro ou ao segundo grupo, contêm maior ou menor quantidade de uma substância que produz ácido cianídrico e cuja ingestão pode acarretar vertigens, náuseas, vômitos, sonolência, dor no peito, hálito de amêndoas amargas, dilatação das pupilas (midríase); posteriormente, podem aparecer sintomas neurológicos e, por fim, a fase de asfixia, precursora da morte que pode ocorrer se o intoxicado não for prontamente atendido.

Como distinguir a mandioca mansa, não venenosa, daquela brava, venenosa? Não existem características morfológicas que permitam tal distinção, ou seja, ninguém é capaz de, simplesmente olhando uma mandioca, dizer a qual grupo ela pertence.

Acontece que o tóxico encontrado na mandioca é volátil e sensível ao calor: cozinhando-se o vegetal, o tóxico será

90   *Maus hábitos alimentares*

destruído pela ação do calor e, por ser volátil, se desprenderá. Note-se que a farinha de mandioca, bastante utilizada entre nós, freqüentemente é preparada com a variedade tóxica, sendo, entretanto, totalmente desprovida de veneno, uma vez que durante o processo de preparação ela é descascada, moída, prensada, desidratada e torrada, eliminando todo o princípio.

Além disso, o elemento tóxico fica próximo à casca: estudos demonstraram que esta apresenta de cinco a dez vezes maior quantidade de ácido cianídrico que a porção central. Logo, descascando-se bem a mandioca, evitando-se as partes mais próximas da casca, não ocorrerá a intoxicação.

Caso haja mel e açúcar no estômago no momento da ingestão de cianetos, seus efeitos tóxicos podem ser neutralizados. É assim que se explica a enorme resistência do célebre monge e aventureiro Rasputin, que ingeria, durante os banquetes da corte do czar, doses de cianeto muitas vezes superiores às mortais: antes e depois da ingestão do tóxico, fazia uso de soluções alcoólicas altamente açucaradas (note-se ainda que Rasputin era portador de gastrite atrófica, o que dificultava ainda mais a ação do veneno).

Conclusão: *Por conter substâncias que produzem ácido cianídrico, capaz de ocasionar graves intoxicações, a mandioca (bem como sua farinha) deve ser utilizada sempre após submetida ao calor (cozimento, torração), dando-se preferência às porções não periféricas do tubérculo, ou seja, às porções mais centrais.*

MARGARINA

O imperador Napoleão III propôs, no século passado, um concurso com o objetivo de formular um produto que substituísse a manteiga. O farmacêutico francês Mège-Mouriés, em 1869, criou então a margarina, emulsão estabilizada de gorduras alimentares.

Seu uso foi muito incrementado na Europa durante a Primeira Guerra Mundial, em virtude da escassez de gordura animal. Hoje, bastante modificada, é amplamente difundida e utilizada.

Atualmente a margarina é produzida com gordura animal (leite) acrescida de óleos vegetais hidrogenados. Todas as gorduras, cozidas ou fritas, liberam substâncias nocivas, muitas das quais cancerígenas, devido à ruptura de suas moléculas. A hidrogenação das gorduras é um processo que consiste em elevá-las a altas temperaturas, em seguida resfriá-las, aquecê-las de novo, para então colori-las artificialmente.

Na produção de margarina, são acrescidos sebo de vaca, leite não desengordurado, ácido sulfúrico, soda cáustica (para equilibrar o pH), antioxidantes como o butil-hidroxianisol e o butil-hidroxitolueno, da família do TNT, acidulantes, conservantes, como o ácido benzóico, corantes, aromatizantes e estabilizantes artificiais. As margarinas modernas possuem gorduras mais pesadas do que a manteiga.

Conclusão: *É produto nocivo à saúde, sendo desaconselhado seu uso.*

MEL

É alimento de extraordinário valor energético, rico em vitaminas, sais minerais, enzimas digestivas, ácidos orgânicos, pólen e numerosas outras substâncias, algumas das quais só nele encontradas. Até o presente foram identificados nada menos do que 181 componentes no mel.

Setenta por cento dos açúcares do mel são monossacarídeos, ou seja, são absorvidos diretamente pelo organismo, sem sofrer nenhuma modificação, ou digestão.

É alimento que possui propriedades tônicas, laxativas e anti-sépticas, além de ser benéfico para a pele, para os cabelos, estimulante sexual e útil em casos de hipertrofia da próstata.

No entanto, apesar de todas essas notáveis propriedades, o mel não deve ser dado a crianças com menos de um ano de idade. Por que motivo?

Abaixo de doze meses, devido à imaturidade de seus órgãos, os bebês possuem sucos digestivos pobres, incapazes de desempenhar funções que só passarão a ser executadas mais tarde. Somente a partir dessa idade tais sucos terão capacidade de destruir o bacilo do botulismo (*Clostridium botulinum*), eventualmente ingerido em alimentos contaminados.

Para que um adulto ou uma criança acima de um ano de idade sejam acometidos pelo temível e freqüentemente fatal botulismo, há necessidade de ser ingerida a toxina botulínica

94   *Maus hábitos alimentares*

(encontrada em conservas insuficientemente esterilizadas, geralmente preparadas em casa). A ingestão do próprio bacilo (e não da toxina), por tais pessoas, não irá produzir a doença porque seus sucos digestivos, já mais ricos, irão destruir o germe.

Em casos de crianças com idade inferior a um ano, devido à pobreza desses sucos, o bacilo poderá não ser destruído e, uma vez no intestino, terá condições de produzir a toxina botulínica, responsável pela doença botulismo. E o mel é alimento natural que pode constituir fonte desse bacilo. Está, portanto, contra-indicado para crianças dessa faixa etária.

Tal inconveniente poderia ser evitado utilizando-se mel pasteurizado. Acontece, entretanto, que o aquecimento do mel a temperatura acima de 40 °C destrói grande parte dos nutrientes do produto. Por esta razão, não se recomenda o uso do mel pasteurizado, uma vez que este processo exige temperaturas elevadas.

Por ser alimento muito rico em açúcares (85%, em média), o mel é um alimento que deve ser usado com moderação, particularmente por pessoas sujeitas a desenvolver diabetes (hipoglicêmicos, filhos ou parentes que possuam antecedentes diabéticos etc.).

Conclusão: *O mel é um alimento de alto valor nutritivo; apesar disso, deve ser consumido com moderação, devido ao seu teor de açúcares.*
Recomenda-se utilizar o produto não pasteurizado, a fim de preservar os seus nutrientes e oferecê-los apenas a crianças com mais de um ano de idade.

OVO

O que é um ovo? É uma célula resultante da união do espermatozóide do animal macho com o óvulo da fêmea.

As galinhas de granja são criadas sem galo; não são, portanto, fecundadas e não podem botar. O que eliminam são óvulos, células sem vitalidade, ao contrário do que ocorre com os ovos galados, ricos em energia vital.

O método desumano de criação de frangos em granjas, nas quais as aves permanecem extremamente juntas umas das outras, favorece, pela proximidade, a disseminação da bactéria *Salmonella*, que se incorpora à carne e aos ovos. Some-se a isto o fato de serem adicionados antibióticos às rações dos frangos, o que cria resistência dos germes a eles.

A *Salmonella* pode produzir quadro de diarréia grave, com possibilidade de evolução fatal.

Matrizes americanas de frangos trazidos dos Estados Unidos foram responsáveis pela disseminação da temível bactéria em nosso país.

Nos Estados Unidos estão sendo colocadas etiquetas nas embalagens advertindo o consumidor a respeito do fato de que os ovos podem conter bactérias capazes de matá-los.

Para diminuir tal possibilidade, devemos consumir ovos caipiras, de frangos criados soltos, que são alimentados de grãos naturais. Caso se utilizem ovos de granja, recomenda-

96   *Maus hábitos alimentares*

se cozê-los até ficarem duros, para que os germes sejam destruídos pelo calor. Musse e outros alimentos que contêm ovos podem constituir fontes de contaminação.

Além disso, a gema do ovo é muito rica em gordura animal, sendo prejudicial à saúde. Recomenda-se a ingestão moderada desse alimento.

Conclusão: *Consumir ovos com moderação devido à grande quantidade de gordura animal que possuem.*
Sempre que possível, utilizar ovos caipiras, provenientes de aves criadas soltas e que se alimentam de grãos naturais.
Ao se utilizar ovos de granja, consumi-los sempre bem cozidos, a fim de destruir, pela ação do calor, a temível bactéria Salmonella.

PEIXES E FRUTOS DO MAR

Os peixes constituem alimentos que durante muito tempo sofreram descrédito pelo fato de sua ingestão estar associada a idéias de penitência e sacrifício em ocasiões nas quais era exigida abstinência da carne.

Na realidade, são ótima fonte de nutrientes, ricos em proteínas de grande qualidade, vitaminas e sais minerais variados. Alguns peixes, notadamente os de água muito fria (salmão, arenques, trutas, cavalinhas e outros), contêm ácido graxo ômega-3, uma substância de grande valor na prevenção e tratamento de distúrbios cardiovasculares, em particular para combater o aumento de colesterol e triglicérides.

Para que se constituam realmente em alimentos de grande valor é necessário que sejam consumidos frescos e sem serem fritos (todas as frituras são contra-indicadas por representarem poderosas fontes geradoras de radicais livres).

Os peixes enlatados, para que não se deteriorem, recebem vários conservantes, entre os quais antibióticos, como o cloranfenicol, e fungicidas, como a nistatina.

Para conservar e conferir cor avermelhada a carnes e peixes é utilizado sulfito de sódio, substância com ação cancerígena. A quantidade permitida de tal aditivo é a de 50 ppm (partes por milhão), porém tal cifra é freqüentemente ultrapassada, chegando, em algumas ocasiões, a valores até cem vezes maiores.

98 *Maus hábitos alimentares*

Assim que sai da água, o peixe começa a sofrer alterações de ordem química, enzimática e bacteriana, deteriorando-se, portanto, com muita facilidade. A decomposição bacteriana torna-se mais acentuada quando a pesca é realizada em águas poluídas por esgotos e quando o produto é bastante manipulado pelo homem antes do consumo.

Embora muitas vezes não apresentem alterações visíveis, os peixes (assim como outros frutos do mar) provenientes de águas poluídas por esgoto podem transmitir ao homem hepatite infecciosa.

Em se tratando de poluição química (por poluentes industriais), poderão ocasionar grave envenenamento pela ação de mercúrio e pesticidas diversos.

Deve-se recusar peixes com as seguintes características:

- carne flácida, deixando marca profunda à pressão dos dedos;

- pele frouxa e enrugada (podendo estar recoberta por líquido pegajoso) e com escamas desprendendo-se com facilidade (atenção: alguns comerciantes desonestos costumam passar cola nas escamas);

- guelras secas, sem o brilho característico e sem a típica coloração vermelha (cuidado, pois há inescrupulosos que aplicam mercúrio nas guelras);

- olhos úmidos e sem brilho, opacos;

- odor repugnante.

Além dos problemas causados por peixes em mau estado de conservação, em decomposição, com alterações enzimáticas, químicas e bacterianas, outra forma grave de intoxicação decorre do consumo de espécies venenosas, muito difíceis de identificar:

Peixes e frutos do mar 99

- Intoxicação por tetraodontoxina — provocada pela ingestão de numerosas espécies, principalmente o baiacu. Este peixe é sistematicamente rejeitado pelos pescadores do litoral norte, que o consomem depois de eviscerado (o veneno localiza-se no fígado, vesícula, ovário e intestinos). Trata-se de envenenamento grave, que pode ocasionar a morte.

- Intoxicação por saurina e histamina (atum, bonito, cavala, peixe-serra) — caracterizada por náuseas, vômitos, dificuldade para engolir, dor de cabeça, vermelhidão da pele, coceira, urticária.

- Intoxicação por ictiocrinotoxina (lampréia, perca) — os sintomas são devidos à irritação das mucosas: queimação, dores abdominais, náuseas, vômitos, diarréia.

- Intoxicação por clupeotoxina (anchovas, arenque) — com náuseas, vômitos, dores abdominais, falta de ar, convulsões. Pode causar a morte em 30 minutos.

- Intoxicação por ciguatoxina — tóxico produzido por determinadas algas que, ao serem ingeridas por peixes, transferem para estes o veneno. Pode ocorrer por ingestão de robalo, barracuda, garoupa etc. O quadro, a exemplo da intoxicação por tetraodontoxina, também é muito grave.

CRUSTÁCEOS

Entre os crustáceos comestíveis mais comuns, podemos citar: camarão, lagosta, lagostim, pitu, caranguejo, siri.

Devem ser consumidos frescos e provenientes de áreas não poluídas, sanitariamente sadias. Se tais cuidados não forem observados, será grande o risco de graves intoxicações e infecções.

100 *Maus hábitos alimentares*

A carne de camarão contém muito colesterol, quase duas vezes mais que a carne de porco.

MOLUSCOS

Os moluscos comestíveis mais comuns são: ostras, amêijoas, lulas, polvos, caracóis, berbigões (vôngolis), mexilhões ou mariscos.

A pesca praticada em águas poluídas por esgotos é particularmente perigosa quando se trata da captura de animais que filtram a água, como é o caso de ostras e mariscos, que podem ser transmissores do germe da cólera (*Vibrio cholerae*).

Em ostras provenientes de Cananéia, não é rara a toxiinfecção por *Vibrio parahaemolyticus*, de evolução às vezes fatal.

Determinadas algas produzem um tóxico chamado saxitoxina. Em certas condições e épocas essas algas acumulam-se no plâncton, que chega a conter 20 a 40 milhões desses microorganismos por litro. A superfície da água adquire, então, tonalidade avermelhada, recebendo por isso o nome de maré vermelha. Ostras e mariscos normalmente inócuos tornam-se tóxicos ao ingerir plâncton da maré vermelha e só podem ser considerados válidos para o consumo após várias semanas da cessação do referido episódio.

Conclusão: *Utilizar sempre peixes seguramente frescos e provenientes de águas não poluídas.*
O mesmo aplica-se a crustáceos e moluscos.
Consumi-los com moderação devido à grande quantidade de gorduras saturadas que possuem, principalmente os crustáceos.

PRODUTOS QUE PREDISPÕEM À EXCITABILIDADE E À INSÔNIA

CAFÉ: É excitante do sistema nervoso central, sendo contra-indicado a pessoas excitáveis, nervosas e insones.

CHÁ: Por conter cafeína (ou teína), o chá é excitante do sistema nervoso. A porcentagem de cafeína é maior no chá do que no café, mas, devido à diferença no modo de preparo (um longo período de fervura extrai mais cafeína que um aquecimento pouco duradouro), o café, normalmente mais concentrado que o chá, tem ação excitante bem mais acentuada.

COCA: Em doses elevadas pode provocar alterações mentais, com sintomas de loucura, e até mesmo a morte.

COLA: As bebidas feitas com cola contêm substâncias estimulantes do sistema nervoso. Ingeridas freqüentemente por crianças e adolescentes, podem predispô-las cada vez mais à necessidade de excitantes.

GUARANÁ: Devido à grande quantidade de alcalóides, as sementes do guaraná atuam excitando o sistema nervoso, podendo produzir hiperexcitabilidade nervosa e insônia. Podem também ocasionar dependência.

MATE: Dada a grande quantidade de mateína ou cafeína que contém, o mate é contra-indicado a indivíduos excitáveis, nervosos, insones e com palpitações cardíacas.

Conclusão: *Pessoas excitáveis, nervosas e com tendência à insônia não devem fazer uso dos produtos relacionados neste capítulo.*

SAL

É utilizado na alimentação humana desde tempos muito remotos. Sabe-se que na Antiguidade foi usado em vários locais como "moeda" de pagamento, tanto que a palavra salário origina-se de sal.

No Brasil, sua produção é a maior do hemisfério sul, sendo que os principais estados produtores são Ceará, Rio de Janeiro e Rio Grande do Norte. Em escala mundial, entretanto, o Brasil ocupa posição bastante modesta nesse setor, ficando muito atrás dos grandes produtores: Estados Unidos, China Continental e Rússia.

O sal não refinado, conhecido como sal marinho, contém várias dezenas de minerais (magnésio, cálcio, bromo etc.). O refinado, ao contrário, não contém senão cloro e sódio (ClNa). Evidentemente deve-se preferir o primeiro, porém não obtido diretamente das salinas, pois em geral se apresenta contaminado por poluentes industriais e sujeira. Deve-se dar preferência ao produto à venda no comércio, que, após a extração, é submetido a uma lavagem que retira as impurezas.

O sal em excesso age aumentando a pressão arterial. Pode produzir edemas (inchaços) e tende a piorar problemas cardíacos e renais. Acredita-se que a ingestão de muito sal na infância predispõe o indivíduo à hipertensão arterial na idade adulta. Deve-se notar que os alimentos prontos e semiprontos costumam ter maior quantidade de sal do que

104 *Maus hábitos alimentares*

os preparados em casa; logo, o uso freqüente de alimentos industrializados favorece a hipertensão.

Os aditivos adicionados ao sal para evitar a umidade e a cristalização (óxido de cálcio, carbonato de cálcio, silicato aluminado de sódio, fosfato tricálcico de alumínio etc.) podem favorecer o aparecimento de cálculos nos rins e na vesícula.

A lei brasileira determina que todo sal destinado à alimentação (humana ou animal) deve ter adição de iodo. Tal determinação, entretanto, não é seguida por vários fabricantes, que burlam acintosamente a lei, fornecendo produtos sem esse mineral. Sabe-se que a alimentação carente em iodo costuma produzir graves problemas tireoidianos.

Conclusão: *Devemos utilizar o mínimo possível de sal na alimentação, dando preferência ao sal marinho. Evitar alimentos industrializados, que geralmente contêm sal em excesso.*

QUESTÕES POLÊMICAS

ALIMENTOS IRRADIADOS

Nos EUA os estados de Maine, Nova York, New Jersey, Vermont, New Hampshire e Pensilvânia promulgaram lei proibindo a venda de alimentos irradiados.

Quais os motivos dessa proibição? Ei-los:

1) Os alimentos irradiados desenvolvem substâncias cancerígenas e produtoras de alterações mutagênicas.

2) A irradiação pode mascarar a contaminação de alimentos submetidos a esse processo.

3) O valor nutritivo dos alimentos irradiados é muito inferior ao dos alimentos frescos.

4) As usinas de irradiação de alimentos podem produzir temíveis vazamentos.

5) O meio ambiente pode sofrer graves danos durante a operação de reatores nucleares e no retroprocessamento de combustível nuclear, a fim de serem obtidos isótopos radioativos necessários à irradiação.

106   *Maus hábitos alimentares*

Vamos analisar cada um dos itens anteriores:

1) Durante o processo de irradiação, os alimentos são expostos ao cobalto-60 ou ao césio-137, resíduos do lixo nuclear, ou a um feixe eletrônico. Tal exposição provoca nos alimentos irradiados transformações químicas extremamente complexas, capazes de causar câncer ou alterações genéticas.

A literatura científica apresenta grande número de relatórios comprovando a existência de substâncias cancerígenas ou mutagênicas em alimentos irradiados.

Segundo Betty Long, de Cleveland, Ohio, presidente do Movimento Contra a Irradiação de Alimentos:

> Consideramos um privilégio viver em um país onde os alimentos frescos são abundantes. Em feiras e supermercados podemos encontrar um suprimento constante de alimentos frescos, não irradiados. Por que tanta pressão em introduzir uma tecnologia duvidosa? Cada vez mais os consumidores procuram produtos orgânicos, sem qualquer tratamento. Simplesmente não existe justificativa para a irradiação de alimentos.

Betty Long e outros habitantes de Ohio conseguiram suspender a venda de alimentos irradiados em vários municípios daquele estado.

Joanne Smith e muitos outros organizaram em Connecticut um movimento favorável às leis que proíbem a venda de alimentos irradiados naquele estado.

2) Os alimentos irradiados são mais sensíveis a contaminação por bolores e fungos, o que pode aumentar a necessidade de utilização de pesticidas e fungicidas em

Questões polêmicas   107

frutas e hortaliças após a colheita (a irradiação não diminui a quantidade de fungicidas ou pesticidas aplicados no campo antes da colheita).

3) Os alimentos frescos são ricos em energia vital, que é completamente destruída pela irradiação, a qual torna os alimentos totalmente destituídos de vitalidade.

Estudos feitos em animais alimentados com comida irradiada mostraram que eles perderam peso e sofreram abortos, possivelmente devido à carência de vitamina E, causada pela irradiação. Outros estudos mostraram diminuição de nutrientes em alimentos submetidos a irradiação.

4) Os irradiadores de alimentos são necessariamente estruturas abertas, uma vez que os alimentos necessitam transitar livremente pelas câmaras de irradiação. A quantidade de césio-137 contida num irradiador de uma usina de irradiação de alimentos de grande porte é comparável à encontrada num reator de energia nuclear de 1000 megawatts.

Sendo as estruturas necessariamente abertas, os operadores correm grande risco de exposição a grandes doses de radiação gama.

Também já foram descritas contaminações de tanques de proteção, bem como vazamentos para ambientes vizinhos.

Recentemente, em acidente de irradiação na Geórgia foram consumidos mais de 30 milhões de dólares na limpeza posterior. Já ocorreram acidentes em Connecticut, na Geórgia e em duas outras localidades em New Jersey.

James Michael Lennon, diretor executivo da American Natural Hygiene Society, resume a questão três em perguntas bem objetivas:

108 *Maus hábitos alimentares*

- Você gostaria que seu filho ou outro membro da família trabalhasse numa usina de irradiação de alimentos?

- Você gostaria que essa usina ficasse perto da sua casa?

- Você quer que caminhões carregados de material radioativo trafeguem perto de sua casa ou da escola de seus filhos?

5) A indústria de irradiação de alimentos tem como finalidade livrar as Forças Armadas de grande quantidade de refugo nuclear. O governo dos Estados Unidos, ao pressionar a FDA (Food and Drug Administration), que não tem um programa de controle para a irradiação de alimentos, cria um enorme mercado para material radioativo, em especial para o césio-137, que é um resíduo de produção de armas nucleares e um lixo do programa de energia nuclear.

A pressão do governo para "resolver" o problema do refugo nuclear não coincide com o interesse dos trabalhadores nas usinas de irradiação de alimentos nem com o dos que habitam nas proximidades e muito menos ainda com o da população em geral, que passará a se alimentar com produtos legalmente contaminados e de baixo valor nutritivo.

Conclusão: *Inúmeras são as evidências dos malefícios ocasionados pela irradiação dos alimentos, quer para os consumidores, quer para os trabalhadores nas usinas destinadas para esse propósito.*

TRANSGÊNICOS

A transgenia consiste na retirada do gene de um ser vivo e passá-lo para outro. Tem como finalidade o aperfeiçoamento de novo ser, seja ele animal ou vegetal.

Alimentos transgênicos são aqueles obtidos por meio dessa técnica: são modificados pela engenharia genética.

Os defensores da utilização de tais alimentos alegam que esse recurso constitui possivelmente a única solução para erradicar a fome no planeta e que a biotecnologia está revolucionando a produção no campo com suas sementes mutantes, tanto assim que atualmente, nos Estados Unidos, elas são responsáveis por 40% da colheita de algodão, 30% da de soja e 25% da de milho. O tomate obtido por esse método dura quatro vezes mais que o tradicional, permanecendo até 40 dias fora da geladeira sem estragar.

Dados do Ministério da Agricultura indicam que, em média, o plantio de sementes transgênicas reduz em 50% o uso de agrotóxicos, o que, além da evidente vantagem para a saúde, representa também significativa redução nas despesas dos produtores. No caso da soja, o emprego dessas sementes representa economia de aproximadamente 10 reais de agrotóxicos por tonelada, o que reduz o preço para o produtor e, conseqüentemente, para o consumidor.

Por outro lado, os contrários ao método argumentam que a criação e a introdução de novos organismos na Terra pode prejudicar irremediavelmente o equilíbrio do planeta. Alegam que os testes até agora realizados não são suficientes para que os produtos obtidos por seu intermédio sejam considerados seguros, pois não se conhece ainda seu grau de toxicidade para a espécie humana e quais os danos que poderão causar ao meio ambiente.

110 *Maus hábitos alimentares*

Dada a agressividade das culturas transgênicas, haveria a possibilidade do desaparecimento das espécies silvestres e das variedades nativas, com a redução da biodiversidade.

Outro risco é o da eliminação de fungos e de insetos benéficos, bem como o aparecimento de insetos resistentes às toxinas produzidas pelas plantas modificadas. Existe ainda a possibilidade da transferência de genes das plantas transgênicas para as espécies nativas aparentadas, com resultados imprevisíveis.

Instituições do mais elevado conceito, como o IDEC (Instituto Brasileiro de Defesa do Consumidor), a Greenpeace e a SBPC (Sociedade Brasileira para o Progresso da Ciência), na palavra de seu presidente Sérgio Henrique Ferreira, desaprovam a liberação da soja transgênica no Brasil, considerando inclusive que isto abre precedente perigoso para que firmas transnacionais coloquem novos produtos resultantes da engenharia genética em nosso país.

No Japão, em 1989, 5 mil pessoas adoeceram, 1500 tornaram-se inválidas, e 37 morreram em conseqüência da manipulação genética em escala industrial.

Esse país e parte da comunidade européia habitualmente recusam os alimentos transgênicos e, quando os aceitam, exigem que sejam identificados como tendo sido submetidos a modificações genéticas.

Na França foi proibido o plantio de milho transgênico. A Grécia proibiu a cultura e a importação de canola transgênica.

No Brasil, os supermercados Carrefour, de origem francesa, declararam-se contrários à comercialização de produtos dessa natureza.

Na Austrália e nos países nórdicos a identificação exigida nos alimentos transgênicos é condição indispensável para a sua comercialização.

Pesquisas realizadas na Escócia pelo doutor Arpad Posztai, do Rowett Institute de Aberdeen, mostraram alterações no sistema imunológico e em vários órgãos vitais, em decorrência do uso de transgênicos.

Conclusão: *Uma vez que não se conhecem os graus de toxicidade para a espécie humana e os danos que os alimentos transgênicos podem produzir ao meio ambiente, recomenda-se a não-utilização desses produtos, a despeito da contribuição que oferecem para diminuir a carência alimentar no planeta.*
Para se ter idéia da controvérsia a respeito dos alimentos transgênicos, basta lembrar que na 5ª Conferência da Convenção de Biodiversidade das Nações Unidas realizada em fevereiro de 1999, com a participação de 170 países, o Protocolo de Cartagena foi incapaz de chegar a um consenso sobre a segurança desses alimentos.
A discussão a respeito dos transgênicos está apenas começando...

O FORNO DE MICROONDAS

Podemos conceituar onda como uma perturbação do meio que transmite energia sem transportar matéria.

Se colocarmos a mão na garganta ao falarmos, iremos perceber vibrações que atingem o ar próximo de nossa boca e são levadas aos ouvidos das pessoas, que assim nos ouvirão: são as ondas sonoras. Esse processo é semelhante para todas as ondas, que são perturbações de moléculas, produzidas de diversas maneiras.

Microonda é um tipo especial de onda eletromagnética que tem esse nome por apresentar um comprimento de

112 *Maus hábitos alimentares*

onda muito pequeno em relação às outras ondas (chama-se comprimento de onda a distância entre dois picos — posição mais alta que a onda atinge no gráfico — seguidos e que é medida em centímetros).

O espectro das microondas vai desde as ondas de rádio até as ondas curtas infravermelhas, abrangendo o rádio, a televisão, o radar, os satélites, os telefones sem fio e também o forno de microondas, o qual foi concebido como conseqüência do uso técnico de microondas durante a Segunda Guerra Mundial.

A irradiação das microondas do sol baseia-se no princípio da corrente contínua. No forno de microondas, ao contrário, o princípio é o de corrente alternada. A matéria atingida por essa radiação eletromagnética sofre bilhões de oscilações por segundo. As estruturas moleculares se rompem, com conseqüentes transformações das moléculas. Não existe sistema orgânico que consiga resistir a tamanha força destrutiva.

No forno de microondas, o atrito transforma a energia em calor. O aquecimento gerado parte de dentro para fora, ao contrário do que ocorre nas demais formas de aquecimento.

As células alteradas pelas microondas passam a apresentar metabolismo semelhante ao das células cancerosas: em lugar de água e gás carbônico é produzido também o tóxico óxido de carbono.

As microondas prejudicam as funções naturais de todos os organismos vivos. Foi comprovado que os alimentos preparados no forno microondas transmitem as vibrações deletérias dessas ondas ao organismo de quem os consome.

Esses fornos podem não ter vedação perfeita. Além disso, essa vedação vai diminuindo com o tempo, e as radiações emitidas são transmitidas por ocasião do uso dos aparelhos.

Na literatura científica existem relatos de numerosos casos de lesões por microondas, incluindo mutações genéticas e câncer.

Conclusão: *Uma vez que na literatura médica existem numerosos relatos de casos de lesões produzidas por microondas, inclusive câncer e mutações genéticas, recomenda-se não utilizar o forno de microondas.*

BIBLIOGRAFIA

Alimentos transgênicos: a polêmica apenas começou. In: *Medicina Conselho Federal*. Ano XIV, nº 108, agosto de 1999.

BARRETO, M. L. Emergência e "permanência" das doenças infecciosas. In: *Médicos*. São Paulo, H.C.-FMUSP, ano I, nº 3, julho/ agosto 1998.

BLANC, B. V. & HERTEL, H. V. Tire as mãos do microondas. Fonte: Raum & Zeit nº 5, 1992. In: *Conntaps*, São Paulo, nº 10, 1992 e *Um assassinato perfeitamente legal. Nossa alimentação*. In: Hildegard Bromberg Richter (org.). São Paulo, Editora Paulus, 1997.

BONTEMPO, M. *Relatório Orion*. Rio Grande do Sul, L&PM Editores, 1985.

_____. Saúde total através da alimentação macrobiótica. Nº 2. São Paulo, Global, 1981.

BRANCO, S. M. *Natureza e agroquímicos*. São Paulo, Editora Moderna Ltda, 1991.

BRUNTON, P. The Body, vol. IV de The Notebooks. In: *Dietas — Cadernos de Sinais* nº 2, maio a agosto de 1998. São Paulo, Figeira, M. G. Irdin Editora Ltda.

CLIFT, E. Irradiação dos Alimentos. Fonte: Resumo de artigo publicado por On the Issues, outono de 1991. In: *Conntaps*, São Paulo, nº 9, 1992.

COHEN, M. Estão chegando os alimentos transgênicos. Eles fazem mal? In: *Jornal da Tarde*, São Paulo, 18/10/1998.

_____. A agricultura brasileira na era da biotecnologia. In: *Jornal da Tarde*, São Paulo, 18/10/1998.

116 *Maus hábitos alimentares*

COLBORN, T.; DUMANOSKI, D.; MYERS, J. P. *O futuro roubado*. Porto Alegre, L&PM Editores, 1997.

CRANE, E. *O livro do mel*. São Paulo, Nobel, 1983.

DUTRA DE OLIVEIRA, J. E. In: Gonsalves, P. E. *Alternativas de alimentação*. São Paulo, Almed, 1984.

EDUARDO, M. B. P. Alimentos sob ameaça invisível. In: *Ser Médico*. Publicação do Conselho Regional de Medicina do Estado de São Paulo. out./nov./dez. de 1999, ano II. nº 9.

FEDERMAN, S. *Prevenção das principais causas de morbidade e mortalidade*. Trabalho apresentado em Reunião Científica do Corpo Clínico do Centro Hospitalar D. Silvério Gomes Pimenta, Fundação São Camilo, São Paulo.

FLINT, I. *O poder curativo das vitaminas*.

GARLAND, A. W. Sete maneiras de proteger sua família de agrotóxicos nos alimentos. In: For Our Kids, publicado pelo Natural Resources Council, Nova York. In: Hildegard Bromberg Richter (org.). *Um assassinato perfeitamente legal. Nossa alimentação. Op. cit.*

GONSALVES, P. E. *Livro dos alimentos*. São Paulo, Livraria Martins Fontes, 1991.

_____. *Alternativas de alimentação*. São Paulo, Almed, 1984.

_____. *Alimentação natural do bebê, da criança e do adolescente*. São Paulo, Almed, 1986.

_____; GRINBERG, M. & SOUSA E SILVA, O. R. Intoxicação por cianeto (mandioca-brava) em pediatria. *Rev. Hosp. Clínicas*. Vol. XI, 4:256-71, jul./ago. 1956.

HERTEL, H. V. Raios da morte no forno de microondas. Fonte: Raum & Zeit, nº 45, 1990. In: *Conntaps*, São Paulo, nº 17, 1994.

HOEHNE, F. C. *Plantas e substâncias vegetais tóxicas e medicinais*. São Paulo e Rio de Janeiro, Graphicars, 1939.

KARÉN-WERNER, M. *L'Alimentation Vivante: le Miracle de la vie*. Genebra, Editions Soleil, 1989.

KURATSUNE. Ralph Bircher. Fonte: "Experiment on Low Nutrition with Raw Vegetables"(Experiência com alimentação reduzida e crua), do Dr. Masanore Kuratsune, do Instituto do Professor M. Mizushima, da Universidade de Kyushu, Japão, 1951.

Bibliografia 117

In: Hildegard Bromberg Richter (org.). *Um assassinato perfeitamente legal. Nossa alimentação. Op. cit.*

LENNON, J. M. Por que nos opomos à irradiação dos alimentos. Fonte: Health Science nov/dez 1991. In: *Conntaps*, São Paulo, nº 13, 1993 e *Um assassinato perfeitamente legal. Nossa alimentação. Op. cit.*

MARCKLE, M. Conferência Mundial do Meio Ambiente e Fundação Esclerose Múltipla em Rota Colisão com a Monsanto.

MEDEIROS NETO, G. Óleo de peixe, dieta e exercícios contra o colesterol. *Folha de S. Paulo*, 19/4/1988.

MELINA, V.; DAVIS, B.; HARRISON, V. *A dieta saudável dos vegetais. O guia completo para uma nova alimentação.* Rio de Janeiro, Editora Campus, 1998.

MONTES, A. L. *Microbiologia de los alimentos.* São Paulo, Editora Resenha Universitária, 1977.

MOURA, D. *Isto é um assalto.* São Paulo, Alfa-Omega, 1977.

NATARO, J. P. *Escherichia coli* e a síndrome urêmica hemolítica. In: *Crescendo, atualidades em Medicina da Infância.* Vol. 4, nº 2, 1996.

NORRIS, P. E. *About Vitamins. Nature's keys to radiant health.* Grã-Bretanha, Thorsons Publishers Limited, 1982.

Os transgênicos e a bioática. In: *Medicina Conselho Federal.* Ano XIV, nº 108, agosto de 1999.

OMS. Doenças erradicadas reaparecem. In: *Médicos.* São Paulo, H.C.-FMUSP, ano I, nº 3, julho/agosto 1998.

PASCHOAL, A. D. *Produção orgânica de alimentos. Agricultura sustentável para os séculos XX e XXI.* 1994.

Pesquisas liberam transgênicos e consumidor dá a palavra final. In: *DR! O Jornal do Médico.*

PICCIONI, R. Irradiação dos alimentos: estão contaminando nossos alimentos. Fonte: The Ecologist, vol. 18, nº 2, 1988. In: *Conntaps*, São Paulo, nº 8, 1992 e *Um assassinato perfeitamente legal. Nossa alimentação. Op. cit.*

Por que alimentos crus? Fonte: Resumo de um trabalho publicado pelo Dr. Ralph Bircher no livro *Geheimarchiv der Ernahrungslehre* [Arquivo secreto da ciência alimentar]. In: *Um assassinato perfeitamente legal. Nossa alimentação. Op. cit.*

118 *Maus hábitos alimentares*

Prejudicamos a saúde com alimentos aquecidos e alterados. Ernest Gunter. Fonte: o livro "Lebendige Nahrung" (Alimentação viva). In: *Um assassinato perfeitamente legal. Nossa alimentação. Op. cit.*

REIS, J. Margarina não evita colesterol da manteiga. In: *Folha da Tarde.* São Paulo, 12/7/1991.

RICHTER, H. B. (org.) *Um assassinato perfeitamente legal. Nossa alimentação.* São Paulo, Paulus, 1997.

_____. *Aprendendo a respeitar a vida.* São Paulo, Editora Paulus, 1997.

RIEDEL, G. *Controle sanitário dos alimentos.* São Paulo, Edições Loyola, 1987.

SCAVONE, O. & PANIZZA, S. *Plantas tóxicas.* São Paulo, Serviço de Artes Gráficas da Coordenadoria de Atividade Culturais, USP, 1981.

SCHVARTSMAN, S. Riscos na industrialização dos alimentos. In: Marcondes, E. & Lima, I. N. *Dietas em pediatria clínica.* São Paulo, Sarvier, 1981.

_____. & BALDACCI, E. Intoxicações alimentares. *Revista Paulista de Pediatria.* Ano I, 3:32-40, jan./fev. 1983.

SCOLNIK, R. & SCOLNIK, J. *A mesa do vegetariano.* São Paulo, Pensamento.

SOLEIL. *Guide des Regimes. Pour une diétetique adapteé à chacun.* Genebra, Editions Soleil, 1987.

_____. *Graines germeés. Jeunes pousses. Une rèvolution dans l'alimentatin.* Genebra, Editions Soleil, 1983.

_____. *Apprendre a se nourrir.* Genebra, Editions Soleil, 1989.

Transgênicos: estudar é preciso. Marina Silva. In: *DR! O Jornal do Médico.*

VALNET, J. *Se soigner par les légumes, les fruits e les cereales.* 9ª ed. Librairie Maloine, 1985.

VETORAZZI, G. & MAC DONALD, I. *Sacarose — Aspectos nutricionais e de segurança no uso do açúcar.* São Paulo, Hucitec, 1988.

Weise, D. O. Microondas. Inimigas da vida. Fonte: Lebenskunde-Magazin, maio de 1992. In: *Conntaps*, São Paulo, nº 17, 1994 e *Um assassinato perfeitamente legal. Nossa alimentação. Op. cit.*

Winckler, M. *Vegetarianismo. Elementos para uma conversa sobre.* Florianópolis, Rio Quinze Editora, 1992.

Zur limdem, W. *A criança saudável.* 2ª ed. São Paulo, Brasiliense, 1980.

_____. *A criança doente: orientação naturalista para os pais.* São Paulo, Brasiliense, 1980.

O AUTOR

Médico pela Faculdade de Medicina da USP, Paulo Eiró especializou-se em pediatria. Dedica-se ao estudo da nutrição há vários anos. Além de numerosos trabalhos publicados em revistas científicas, é autor de mais cinco livros sobre o assunto, entre eles o *Livro dos alimentos* e *As frutas que curam*, ambos editados pela MG editores.

LEIA TAMBÉM

ANOREXIA E BULIMIA
Julia Buckroyd

Nos últimos 25 anos, a anorexia e a bulimia transformaram-se em endemias entre os jovens do mundo ocidental. O livro traz informações atualizadas sobre o assunto, que ainda é pouco conhecido e que atinge uma enorme camada de jovens entre 15 e 25 anos de idade. A autora esclarece como a sociedade e a cultura colaboram com a criação dessas doenças, descreve os sintomas, as conseqüências e também como ajudar no âmbito familiar e profissional. REF. 20710.

ANSIEDADE, FOBIAS
E SÍNDROME DO PÂNICO
Elaine Sheehan

Milhares de pessoas sofrem de síndrome do pânico ou de alguma das 270 formas de fobias conhecidas. O livro aborda os diferentes tipos de ansiedade, fobias, suas causas e sintomas. Ensina meios práticos para ajudar a controlar o nível de ansiedade e orienta quanto à ajuda profissional quando necessária. REF. 20707.

DEPRESSÃO
Sue Breton

A depressão cobre uma vasta gama de emoções, desde o abatimento por um episódio do cotidiano até o forte impulso suicida. Este guia mostra os diferentes tipos de depressão e explica os sentimentos que os caracterizam, para ajudar os familiares e os profissionais a entender a pessoa em depressão. Ensina também como ajudar a si mesmo e a outros depressivos. REF. 20705.

ESTRESSE
Rochelle Simmons

Informações de caráter prático sobre este "mal do século" tão citado e pouco entendido. Descreve a natureza do estresse, técnicas de relaxamento e respiração, ensina a acalmar os sentidos e a gerenciar o estresse de forma positiva. REF. 20708.

LUTO
Ursula Markham

Todos nós, mais cedo ou mais tarde, vamos ter de lidar com a perda de alguma pessoa querida. Alguns enfrentarão o luto com sabedoria inata; outros, encontrarão dificuldades em retomar suas vidas. Este livro ajuda o leitor a entender os estágios do luto, principalmente nos casos mais difíceis como os das crianças enlutadas, a perda de um filho ou, ainda, os casos de suicídio. REF. 20712.

TIMIDEZ
Linne Crawford e Linda Taylor

A timidez excessiva interfere na vida profissional, social e emocional das pessoas. Este livro mostra como identificar o problema e como quebrar os padrões de comportamento autodestrutivos da timidez. Apresenta conselhos e técnicas simples e poderosas para enfrentar as mais diversas situações. REF. 20706.

TRAUMAS DE INFÂNCIA
Ursula Markham

Um trauma de infância pode ter sido causado pela ação deliberada de uma pessoa ou pode ter ocorrido acidentalmente. A autora mostra como identificar esse trauma e como lidar com ele por meio de exercícios e estudos de caso. O número de pessoas que sofreram alguma situação traumática na infância é imenso e a leitura deste livro poderá ajudá-las a superar e a melhorar sua qualidade de vida. REF. 20709.

VÍCIOS
Deirdre Boyd

Os vícios – álcool, drogas, sexo, jogo, alimentos e fanatismos – constituem um dos maiores problemas a enfrentar atualmente no mundo todo. Eles comprometem a vida de pessoas de idades e classes sociais variadas, tanto as adictas quanto seus familiares e companheiros. O guia mostra os últimos estudos sobre as origens dos vícios, suas similaridades e como lidar com cada um deles. REF. 20711.

- - - - - - - - - - - dobre aqui - - - - - - - - - - - - -

ISR 40-2146/83
UP AC CENTRAL
DR/São Paulo

CARTA RESPOSTA
NÃO É NECESSÁRIO SELAR

O selo será pago por

SUMMUS EDITORIAL

05999-999 São Paulo-SP

- - - - - - - - - - - dobre aqui - - - - - - - - - - - - -

MAUS HÁBITOS ALIMENTARES

recorte aqui

CADASTRO PARA MALA-DIRETA

Recorte ou reproduza esta ficha de cadastro, envie completamente preenchida por correio ou fax, e receba informações atualizadas sobre nossos livros.

Nome: _____ Empresa: _____
Endereço: ☐ Res. ☐ Coml. _____ Bairro: _____
CEP: _____-_____ Cidade: _____ Estado: _____ Tel.: ( ) _____
Fax: ( ) _____ E-mail: _____
Profissão: _____ Professor? ☐ Sim ☐ Não Disciplina: _____ Data de nascimento: _____

1. Você compra livros:
☐ Livrarias ☐ Feiras
☐ Telefone ☐ Correios
☐ Internet ☐ Outros. Especificar: _____

2. Onde você comprou este livro? _____

3. Você busca informações para adquirir livros:
☐ Jornais ☐ Amigos
☐ Revistas ☐ Internet
☐ Professores ☐ Outros. Especificar: _____

4. Áreas de interesse:
☐ Psicologia ☐ Comportamento
☐ Crescimento Interior ☐ Saúde
☐ Astrologia ☐ Vivências, Depoimentos

5. Nestas áreas, alguma sugestão para novos títulos? _____

6. Gostaria de receber o catálogo da editora? ☐ Sim ☐ Não
7. Gostaria de receber o Ágora Notícias? ☐ Sim ☐ Não

Indique um amigo que gostaria de receber a nossa mala-direta

Nome: _____ Empresa: _____
Endereço: ☐ Res. ☐ Coml. _____ Bairro: _____
CEP: _____-_____ Cidade: _____ Estado: _____ Tel.: ( ) _____
Fax: ( ) _____ E-mail: _____
Profissão: _____ Professor? ☐ Sim ☐ Não Disciplina: _____ Data de nascimento: _____

Editora Ágora
Rua Itapicuru, 613 Conj. 72 05006-000 São Paulo - SP Brasil Tel (11) 3872 3322 Fax (11) 3872 7476
Internet: http://www.editoraagora.com.br   e-mail: agora@editoraagora.com.br

cole aqui